本书得到

黑龙江八一农垦大学学术专著论文基金
黑龙江八一农垦大学学成、引进人才科研启动计划（XDB201800）

资助

U0507587

中国城乡居民习惯形成下消费理性的比较分析

蒋诗◎著

中国财经出版传媒集团

经济科学出版社
Economic Science Press

图书在版编目（CIP）数据

中国城乡居民习惯形成下消费理性的比较分析/蒋诗著．
—北京：经济科学出版社，2018.11
ISBN 978 - 7 - 5141 - 9654 - 2

Ⅰ．①中…　Ⅱ．①蒋…　Ⅲ．①居民消费 - 研究 - 中国
Ⅳ．①F126.1

中国版本图书馆 CIP 数据核字（2018）第 191670 号

责任编辑：程辛宁
责任校对：王肖楠
责任印制：邱　天

中国城乡居民习惯形成下消费理性的比较分析
蒋　诗　著
经济科学出版社出版、发行　新华书店经销
社址：北京市海淀区阜成路甲 28 号　邮编：100142
总编部电话：010 - 88191217　发行部电话：010 - 88191522
网址：www. esp. com. cn
电子邮件：esp@ esp. com. cn
天猫网店：经济科学出版社旗舰店
网址：http://jjkxcbs. tmall. com
固安华明印业有限公司印装
710×1000　16 开　12.25 印张　200000 字
2018 年 11 月第 1 版　2018 年 11 月第 1 次印刷
ISBN 978 - 7 - 5141 - 9654 - 2　定价：62.00 元
（图书出现印装问题，本社负责调换。电话：010 - 88191510）
（版权所有　侵权必究　打击盗版　举报热线：010 - 88191661
QQ：2242791300　营销中心电话：010 - 88191537
电子邮箱：dbts@ esp. com. cn）

前　　言

20世纪90年代，中国经济步入转轨时期，市场机制逐步完善，市场化程度日渐加深，与之相适应的是经济的快速增长与居民收入、福利水平的不断提高。随着市场经济改革的不断深入，中国城乡居民面临的不确定性大量涌现，尤其是在教育、医疗、养老等制度方面的改革使得个体承担的经济风险日渐增加，居民消费谨慎程度逐渐增强，与之相伴随的是消费持续缓慢增长的经济现象。就这一现象产生原因的解释，具有代表性的观点主要有以下四个方面：一是收入差距明显；二是流动性约束较强；三是预防性动机增大；四是消费习惯形成的影响。结合中国转轨时期的经济环境，习惯形成理论框架可以做出更好的解释。习惯形成理论中效用不仅来源于当期消费，还要受到由以往消费累积的习惯存量的制约，习惯形成下过多的重复消费会令消费者感到厌烦，降低满足程度。正因为如此，消费者担心较快的消费增长会累积更多的习惯存量从而导致更大的效用损失，因而会保持较低的当期消费和较高的储蓄。由此，习惯形成被认为类似于一种谨慎行为，较强的习惯形成会带来较低的边际消费倾向，同时它能够降低不确定性对消费的影响①，而且，具有习惯形成的消费者也更加贴合实际。

缓慢的消费增长并不意味着较少的满足，消费者获得的效用多少反映了

---

① 迪顿（Deaton，1992）曾指出，习惯形成下的消费行为类似于谨慎导致的消费行为；赛肯（Seckin，1999）的研究进一步证明，习惯形成的影响越大，消费者的储蓄意识就越强。黄娅娜，宗庆庆（2014）指出具有习惯形成的消费者会将当期消费与未来的影子价格相联系，强化了流动性约束，最终导致更低的当期消费与更高的储蓄。

其消费行为的理性程度。消费理性说明消费者已经适应形成已久的经济环境并得以满足，因而会对短期政策冲击反应迟钝。然而，在市场经济调控中，消费理性状态并非持久不变，理性消费者会依据周围条件的改善调整习惯形成，并令其消费逐渐实现境况更优的新理性。由此若消费是理性的，促进消费增长应立足于长期，从改善整体经济结构入手寻求解决途径。若消费理性程度偏低，提高收入、降低流动性约束等短期刺激总需求的经济政策仍可以有效地帮助缓解习惯形成，促进消费增长。因而消费理性与否将为我们进一步制定有针对性的促进城乡居民消费增长进而带动经济持续增长的政策建议提供理论依据，同时也可以为近年来居民对总需求经济政策反应迟缓提供一种解释[1]。

基于习惯形成视角研究居民消费问题，国内目前尚处于初级阶段，而在这一视角下研究消费理性问题更属少数。我国经济于 2012 年前后开始进入新常态，随后各主要宏观经济指标之间联动性出现背离，但近年来供给侧结构性改革逐步深化且成效凸显。本书在习惯形成理论框架下实证研究我国着力改善供求失衡的经济结构前，转轨时期后 1995~2014 年城乡居民消费理性问题，涵盖消费理性检验，影响消费理性形成的原因分析等，进一步提出适于我国城乡居民消费增长的路径选择。本书共分为四个部分，具体结构安排如下：第一部分为第 1 章至第 2 章，介绍习惯形成与消费理性的一般经济理论，在此基础上给出本研究习惯形成下消费理性的含义与检验标准。具体来说，本部分提出了可以度量，且能够体现个体偏好对外部经济环境产生反映的"偏好外在阶段一致性"假设，定义了习惯形成下消费理性的含义，通过扩展习惯形成两参数的经济含义给出消费理性的检验过程。第二部分为第 3 章至第 5 章。第 3 章构建习惯形成效用函数并以此获得可以用来均衡分析的动态面板数据计量经济模型。第 4 章依据一般经济理论建立具有因果关系的动态线性计量经济模型，利用城乡居民这一时期省级面板数据，使用系统广义矩估计方法（Sys-GMM）估计习惯形成参数，考察城乡居民消费的收入与习惯形成效应，并获得省级各期有效消费值。第 5 章对城乡居民习惯形成下的消费理性进行实证检验，首先对第 3 章构建的习惯形成效用模型进行参数

---

① 习惯形成会令个体产生平滑消费的强烈意愿，消费对利率、收入等冲击反应迟钝（Fuhrer，2000）。

估计，获得消费者效用最大化时的消费均衡值，并将其与第 4 章城乡居民消费有效值一起进行线性拟合，检验二者在统计上是否具有一致性；其次使用广义矩估计方法（GMM）与折息递推最小二乘方法（DRLS）考察城乡居民消费偏好在此期间是否具有外在阶段一致性。通过上述两种检验判断、比较我国城乡居民 1995～2014 年的消费理性。第三部分为第 6 章至第 7 章，结合中国经济转轨时期后的经济状况，从不确定性影响对城乡居民消费理性给予原因分析，并依据基于经济确定性的理性预期检验验证城乡居民对不确定性的认知能力，城乡居民理性预期结果将进一步对上述得到的城乡居民消费理性与否的结论提供经验支持，在此基础上基于习惯形成影响提出适宜城乡居民消费增长的路径选择。

本书的创新之处在于：一是提出了能够反映个体应对外部经济环境情况且可以度量的"偏好外在阶段一致性"假设；二是给出了习惯形成下消费理性的含义与检验标准；三是扩展了习惯形成两参数的经济含义。

习惯形成与消费理性是一项难度较大且具有较强抽象性的研究课题，在写作的过程中参阅了许多作者的相关文献、资料，在此深表谢意。由于学识水平有限，书中有欠妥或谬误之处在所难免，恳请读者与有关专家在阅读后能不吝施教并给予批评指正。

目 录
CONTENTS

| 第 1 章 |
习惯形成与消费理性的一般理论

1.1 消费习惯形成的相关内涵

1.1.1 习惯形成的基本含义

习惯形成（habit formation）是一种特殊的效用理论，20 世纪 90 年代以后逐渐被主流消费理论研究者所重视。早在马歇尔（Marshall，1898）就提出消费者当期偏好要受到过去消费的影响，然而直到杜森贝利（Duesenberry，1949）提出的相对收入理论（relative income hypothesis）才促使消费习惯理论得以形成。相对收入理论是对凯恩斯（Keynes，1936）绝对收入假说（absolute income hypothesis）的批判，它告诉我们消费要受到消费者自身过去消费习惯以及周围人消费水平的影响，因而消费是相对决定的，上述两种影响分别叫作消费的"棘轮效应"与"示范效应"。"棘轮效应"说明消费易于随收入的增加而增加，但不易于随收入的减少而减少，消费者在收入高峰期形成的消费习惯不容易改变，即所谓的"由奢入俭难"。杜森贝利也以此对凯恩斯消费函数具有一个正斜率的原因予以了解释，即正是由于消费习惯的存在，个体收入水平下降时，消费不会沿长期消费曲线减少，而是会沿一条斜率小于长期消费倾向的轨迹运动。"示范效应"表明消费者存在一定的攀比心理，若消费者盲目跟从周围的消费环境则会表现出更多的非理性。莫迪利安尼（Modigliani，1950）的生命周期假说（life cycle hypothesis）、弗里德曼（Friedman，1957）的持久收入理论（permanent income hypothesis）与之后霍尔（Hall）的随机游走假说（random walking hypothesis）先后遭遇挑战。生命周期假说与持久收入理论向我们说明消费者是依据一生的收入来制定当期消费决策，而并非依据绝对收入进行消费选择，因此消费者追求每期消费的均等化，具有平滑其消费的意愿。然而，心理学对于人类行为的研究却得出持久不变的消费会令消费者感到厌烦，习惯形成下的重复消费并不能让人感到愉快，只有刺激消费与消费增长才会让人获得更多满足。而随机游走假说理论认为消费与收入的过去变化对现期的消费不具有任何作用，而大量研究证明，消费行为并不满足随机游走假说。为使研究主体更加贴合实际，具有习惯形成的个体更有代表性，因而习惯形成理论也似乎可以更好地解释个体的消费行为。

消费习惯、消费与效用的相互关联称为"习惯形成"，它的基本含义是消费的效用大小不仅与现期消费相关还取决于过去消费水平，当现期消费水平一定时，以往消费的数量越多，现期消费产生的效用就越小（杭斌和郭相俊，2009）。之后的研究也将杜森贝利理论中消费的"棘轮效应"与"示范效应"看成是消费的内部与外部习惯形成。外部习惯形成也被称作"追赶琼斯"或"效用的相互依赖性"（Alvarez，2004），通常用社会平均消费水平表示，它的意思是过去社会平均消费可以促进个体消费边际效用的提高。由此，具有习惯形成的消费者拥有追求更多消费的心理（棘轮效应），但又担心会累积过高的习惯存量而过多的降低满足程度，因此会更加谨慎以保持较低幅度的消费增长。

1.1.2 习惯存量、习惯存量比例系数与习惯形成强度

瑞德和希尔（Ryder and Heal，1973）首次将习惯形成影响模型化，将效用函数从 $u(c_t)$ 扩展成为 $u(c_t, h_t)$，其中 c_t，h_t 分别表示 t 期实际消费与习惯存量水平。习惯存量是包含滞后消费的时间演化形式，由过去消费累积而成，累积速度受比例系数 θ 的影响，并规定满足 $u'_h < 0$，即效用水平会随习惯存量的增加而减少。对于二者这种反向变化关系，一方面，引入习惯形成后，消费被区分为真实消费与有效消费，效用大小不是取决于真实消费而是

由有效消费决定，因为习惯存量降低了有效消费从而带来效用损失；另一方面，则是从心理学角度分析得出，较多的重复消费会令消费者产生厌烦心理，因而降低了消费者的满足程度。

一般地，习惯存量的时间演化形式为：

$$h_t = (1 - \theta)h_{t-1} + c_{t-1} \tag{1.1}$$

θ 介于 $0 \sim 1$ 之间：若 θ 为 1，则表明仅有上期消费影响本期消费，若 θ 越趋于 0，则对过去消费形成的习惯给予的权重越大，大多数研究中选择 $\theta = 1$ 的简化形式，即 $h_t = c_{t-1}$。当期消费、有效消费与习惯存量的关系通常为：

$$\hat{c}_t = c_t - \alpha h_t \tag{1.2}$$

$\hat{c}_{i,t}$ 为第 i 个家庭 t 时期的有效消费，它与同时期的真实消费 c_t 正相关而与其以滞后期消费表示的习惯存量 h_t 负相关。α 是衡量习惯形成强度的参数，若 α 较大，家庭从给定消费中获得的终生效用较少，习惯形成越强。对于 α，现有实证研究认为：第一，当 α 具有显著性，存在两种情况，一是 $\alpha > 0$，表明个体消费具有习惯形成效应，α 越大，习惯形成越强，因为习惯形成更多的降低有效消费，使得个体效用损失也更多。消费者若想维持或增加效用水平就不得不选择提高消费，但也因此会累积更高的习惯存量。从这一个意义上说，具有习惯形成的消费者并不具有平滑消费的强烈意愿，而是乐于追求更高的消费。二是 $\alpha < 0$，则以往消费会减少当期消费，即以往消费延迟了当期消费，消费不具有习惯形成，表现为耐久效应。第二，当 α 不具显著性时，个体消费表现为习惯与耐久的混合效应，不具有显著的习惯形成效应。

1.2　习惯形成相关研究综述

1.2.1　国外研究综述

1.2.1.1　时间不可分效用函数

关于习惯形成的研究最早可以追溯至史密斯（Smith，1759）与维布伦

（Veblen，1899），然而直到杜森贝利（Duesenberry，1949）就习惯形成的研究才开始具备微观经济基础，而瑞德和希尔（Ryder and Heal，1973）首次将习惯形成影响模型化，引入习惯形成后，效用函数形式变为 $u(c_t, h_t)$，其中 c_t，h_t 分别表示 t 期消费与习惯存量水平。具有习惯形成的效用函数与一般效用函数不同，它是时间不可分的，这主要是因为当效用函数由 $u(c_t)$ 扩展为 $u(c_t, h_t)$ 后，效用不仅由当期消费 c_t 决定，还依赖于其历史水平，也即人们当前消费的效用水平受过去消费的影响。时间不可分的效用函数说明消费者的偏好并非在瞬间形成，而是要经过一定时期，所形成的偏好也是通过与自己与同伴们消费行为比较后才形成，因此考虑了习惯形成的消费更加贴近现实。时间可加的效用函数也不都是时间可分的，习惯形成效用函数即为时间可加的时间不可分效用函数。阿贝尔（Abel，1990）基于习惯形成、消费与效用关系，利用相对风险厌恶效用函数给出比例幂形式的效用函数。而康斯坦丁尼德斯（Constantinides，1990），坎贝尔和科克兰（Campbell and Cochrane，1999）提出可减形式的效用函数，卡罗尔（Carroll，2000），阿尔瓦雷斯－夸德拉多（Alvarez－Cuadrado，2004）则给出比值形式的效用函数。可减形式效用函数主要考虑消费绝对差值（$c-\gamma h$），比值形式的效用函数则将消费相对比（c/h^γ）作为影响效用水平的关键，其中 γ 为反映习惯在效用中重要程度的参数。时间可分偏好效用函数假说被强烈拒绝，当前消费与习惯形成相比后者更加重要（Fuhrer，2000）。罗森（Rozen，2010）分析了比值与可减形式两种效用函数的重要差别，考虑了相对风险规避系数是否依赖于消费的大小。

1.2.1.2 习惯形成下的消费与储蓄

基于习惯形成视角的大部分文献集中于家庭的消费或储蓄行为研究，习惯形成的重要性在于它可能使家庭保持较低的消费倾向，也因此会导致较高的储蓄率。迪顿（Deaton，1992）、卡罗尔和韦伊（Carroll and Weil，1997）指出，习惯形成下的消费类似于一种谨慎消费行为，习惯使得消费对未预期到的收入增长反应迟钝，从而短期内形成较高的储蓄率。赛肯（Seckin，1999）的研究表明，习惯形成强度越大，消费者越谨慎，储蓄意识越强。卡罗尔等（Carroll et al.，2000）认为新型工业国家的经济增长提高了人均收入水平，但消费习惯使得他们对已有的低消费模式不容易轻易改变。莱图和乌利希（Lettau and Uhlig，2000）研究发现习惯形成下个体的消费跨期替代弹性减少，个体更加注重规避风险。福哈尔（Fuhrer，2000）认为较强的习惯形成会迫使消费者的消费行为对利率、收入等外部冲击反应不敏感，习惯形成下个体平滑消费的意愿比较强烈。迪亚兹（Diaz，2003）也认为，习惯形成影响下，消费者更加愿意平滑其消费，此种情况下，习惯形成越持久，消费谨慎程度越高。当然，也有相反的观点，如史密斯（Smith，2002）、安杰利尼（Angelini，2009）。帕加诺（Pagano，2004）认为，在习惯形成的影响下，个体消费在收入冲击下是缓慢调整的，因为较迅速的消费调整会带来更高的习惯形成，减少未来的福利，但也正是如此，习惯形成可能导致谨慎储蓄。而温德尔（Wendner，2003）通过研究发现，包含习惯形成的效用函数形式不同，其得出的结论也会存在较大差别。若效用函数中使用的是可减形式的习惯形成，就会得出习惯越强，消费越多（储蓄越少）的结论；而若使用的是比值形式的习惯形成，则得出完全相反的结论。尽管习惯形成对消费/储蓄行为影响的结论存在差异，但习惯形成会减少当期消费，降低效用水平的观点被基本认同。因为习惯形成刚性消费的表现，消费者自然希望消费有升不减。增加消费可以提高当前效用，但同时也会累积更高的习惯存量，未来福利难以保证，由此消费者会适当降低持久收入的边际消费倾向。

预防性储蓄理论认为，随着不确定性的日渐增多，预防未来收入与支出的不确定性是居民保持较高储蓄的重要原因。中国是储蓄率最高的国家之一，克雷（Kraay，2000）、库伊斯（Kuijs，2006）认为预防性储蓄理论能够更好地解释与预测中国低消费、高储蓄经济现象的原因与趋势。迪顿（Deaton，1991）与卡罗尔（Carroll，1992，1997）提出影响深远的缓冲储备储蓄理论（buffer-stock saving theory），该理论认为由于存在内生与外生的流动性约束，个体只能通过增加财富积累来抵御风险。迪顿（Deaton）假定借贷约束是外生的，由于家庭财富存量始终不为负，所以消费者不能负债。而卡罗尔（Carroll）则认为由于不确定性的存在，尤其是当未来收入不明了时，消费者会自愿接受流动性约束，从这个意义上讲流动性约束就是内生的。不难看出，习惯形成与预防性储蓄理论下的消费行为都类似于谨慎引起的消费行为，而这种消费行为中的谨慎性却来源不同。就目前研究来看，预防性储蓄动机与不确定性间的关联更为直接，市场经济下不确定性的大量涌现促使消费者选择更多的储蓄从而增强对未来可能出现不确定性的抵御能力。而习惯形成理论中的消费者的谨慎行为主要源于习惯形成会减少当前有效消费从而使得当期效用水平降低。虽然提高当期消费会增加消费者当前效用水平，但却会因为积累更多的习惯存量从而对未来效用水平产生更大的负面影响，因此消费者不得不选择较低幅度的消费增长。由此，习惯形成与预防性储蓄一个回顾过去，一个放眼未来，着眼点明显不同，当然与之相适应的模型分析框架亦不同。已有相关文献在探讨消费问题时，也大多是将二者分开来讨论。随着市场机制的逐步深化，受不确定性影响的经济环境客观存在，习惯表示某种偏好的形成，它离不开周围环境的影响，也即必然受不确定性的影响。习惯形成虽来源于以往消费，但习惯形成持续时间长短，即习惯存量由以往多少时期消费累积而成，已有文献并没有类似研究，而习惯形成的时期长短会受到外部冲击的影响，当然也会受不确定性的制约。

1.2.1.3　习惯形成与经济增长和货币政策

习惯形成下的消费行为要受到过去消费状况的影响，在习惯形成理论框架下，消费者均衡问题为个体如何依据当前的习惯形成来选择能够使自身获得最大效用的消费水平。宏观经济政策也正是通过影响个体最优化行为进而对整个宏观经济予以调控。将包含习惯形成的时间不可分效用函数用于研究经济增长的文献较少，瑞德和希尔（Ryder and Heal, 1973）是具有代表性且较早将习惯形成引入新古典增长模型研究的，为后续研究提供了一个基准框架，它致力于研究习惯形成在决定经济增长传统路径调整中的重要作用，而非对经济结构产生何种影响。而后，卡罗尔等（Carroll et al., 2000），费雪和霍夫（Fisher and Hof, 2000），阿朗索－卡里拉（Alonso－Carrera et al., 2001）也陆续将习惯形成引入经济增长模型。卡罗尔等（2000）认为习惯形成可以更好地解释储蓄对于经济增长的贡献。法利亚（Faria, 2001）将习惯形成引入含有货币影响的新古典经济增长模型，研究发现加入习惯形成后，货币为超中性的，货币需求更大。克里斯蒂亚诺等（Christiano et al., 2005）将习惯形成引入新凯恩斯理论框架可以较好地解释货币政策冲击对于美国经济波动的影响。阿马托和劳巴克（Amato and Laubach, 2004）研究发现，在引入习惯形成后，利率法则可以帮助实现社会最优福利水平，而埃奇（Edge，2007）则认为习惯形成下，扩张性货币政策会令实际利率上升幅度超过预期通货膨胀率，费雪效应表明经济中的名义利率会更低，会产生流动性效应。

1.2.1.4 习惯形成的经验研究

国外就习惯形成的研究已比较成熟，但就消费习惯是否存在以及习惯形成效应的实证分析结论也存在明显不同。就习惯形成影响的实际考察，研究者主要从总量消费或不同商品消费上寻求经验支持。艾肯鲍姆（Eichenbaum，1988）利用总量消费数据得出习惯形成不能解释美国居民消费行为。奥斯本（Osborn，1988）使用一个特殊模型，并考虑季节变动与习惯形成，发现习惯形成对消费明显存在重要作用。弗森和康斯坦丁尼德斯（Ferson and Constan-tinides，1991）同样利用总量消费数据却得出与艾肯鲍姆（Eichenbaum，1988）不同的结论，美国居民存在较强的习惯效应。奈克和摩尔（Naik and Moore，1996）考虑了个体异质的影响，发现美国居民存在消费习惯。希顿（Heaton，1993）运用实际消费数据研究得到一个混合结论，美国居民在耐用品消费上存在习惯，而在非耐用品消费上不具有习惯形成效应。福哈尔和克莱因（Fuhrer and Klein，1998）使用 7 国经济数据研究发现习惯形成与消费存在较强的相关性。迪南（Dynan，2000）研究所得与大多文献分析结果不同，并未发现年度食品消费数据存在习惯形成。在包含习惯形成的经验研究中，一些文献使用的是总量消费数据，这就不可避免地存在研究会以总量消费增长的序列相关性为转移的问题，无关偏好的因素也会关联其中，如加利（Gali，1990）、古德弗兰德（Goodfriend，1992）与皮斯克（Pischke，1995）。也正因为如此关于内部习惯形成，一些学者认为以分类商品消费支出数据为基础的研究结果更为可靠，例如，瑞文（Ravn，2006）将消费习惯划分为深层次习惯与浅层次习惯，以总量衡量的习惯形成称为浅层习惯，而将对不同种商品的习惯形成称为深层习惯。

1.2.2 国内研究综述

国内学者运用习惯形成理论解释中国家庭消费行为起步较晚，始于 20 世纪 80 年代，直到近年来研究人员才逐渐注意习惯形成的重要影响，与之相关的文献数量也随之上升。然而，相比国外就这一视角的研究，我国尚处于初级阶段。它对于中国居民"低消费、高储蓄"现象的原因给予了另外一种解释。

习惯形成理论关注以往消费对当前消费以及效用水平的影响，也因此包含习惯形成的效用函数是时间不可分的。理论上依据持久收入预期的消费者能够更好地平滑其消费，而实际消费数据对于收入冲击的反应则更加平滑，这一现象也被称为消费的"过度平滑"性。"过渡平滑"说明消费者拥有持久不变的消费行为，消费者会因此感到厌烦，从而拥有较低的满足程度。相反，刺激消费才会让消费者感到愉悦，也因此习惯形成使得家庭将追求消费增长作为他们的消费目标。引入习惯形成后，效用为有效消费的函数，习惯形成强度或习惯形成系数描述了习惯形成对有效消费与效用的减少程度。习惯形成越强，效用损失越多，家庭消费行为就越谨慎。国内基于习惯形成的研究，主要是运用或扩展国外相关数理经济模型检验总消费或不同种商品消费是否存在习惯形成效应或是测度习惯形成系数的大小。理论上习惯形成的影响客观存在，而运用实际相关经济数据考察的结果却并不一致。大多数研究认为习惯形成可以作为居民消费低增长的重要解释因素（杭斌，2008；雷钦礼，2009），中国居民消费行为存在习惯形成效应，只是习惯形成强度不同，并且，习惯形成的影响是否存在也依赖于研究中选取何种商品消费支出数据。

关于习惯形成强度大小的测度，龙志和王晓辉（2002）利用奈克和摩尔（Naik and Moore，1996）模型发现相比于美国居民 0.1 的习惯形成系数，中国城镇居民习惯形成系数为 0.35，这是国内最早对中国居民消费习惯形成进行实证分析的研究。而黄娅娜、宗庆庆（2014）在扩展了迪南（Dynan，2000）理论模型的基础上，利用 1992~2003 年城镇居民收支调查数据研究了中国城镇居民食品消费的习惯形成效应，结果表明中国城镇居民食品消费存在显著的习惯效应，习惯形成系数为 0.04。绝大多数文献是利用消费数据验证中国居民消费行为的习惯形成效应是否存在。齐福全（2007）运用迪南（Dynan，2000）模型发现北京农村居民衣着消费存在习惯效应，而食品消费并不存在习惯形成。艾春荣和汪伟（2008）同样利用迪南（Dynan，2000）

模型研究发现中国城乡居民总消费并不存在习惯形成效应，而是表现出明显的耐久性。而城乡居民在非耐用品消费上的习惯效应也存在差异，城镇居民非耐用品消费不显示具有习惯效应，农村居民非耐用品消费则表现出较强的习惯效应。杭斌和郭香俊（2009）将习惯形成引入预防性储蓄研究，得出经济快速增长促使消费者已经习惯生活水平的不断提高，消费者追求的目标是消费的长期稳定增长而并非各时期消费的平滑，"瞻前顾后"是中国城镇居民消费行为的重要特征。并且，习惯形成参数越大，边际消费倾向越低，谨慎消费越多，但消费习惯越强，消费者越会保持当前消费状态以规避不确定性的影响，收入不确定性对消费的影响也就越小。李文星（2008）利用省级面板数据，增加了人口的年龄结构因素，研究发现中国居民消费存在较显著的习惯效应。杭斌（2010）分析了中国城镇居民平均消费倾向持续下降的原因，认为除预防性储蓄动机外，逐渐改善环境的生活习惯促使家庭进行更多的储蓄以保证生活水平的不断提高，同时居民家庭支出预期的不断变化也会改变居民家庭的消费预算。贾男等（2011）利用奈克和摩尔（Naik and Moore，2002）模型发现中国城镇居民食品消费存在习惯形成。崔海燕和杭斌（2014）将城镇居民依据收入等级进行分类，结果发现城镇居民习惯形成影响随他们收入等级的增加而减少，具体表现为中、低等收入等级的城镇居民消费具有显著的习惯形成效应，且低收入等级城镇居民习惯形成更强，而高收入等级城镇居民消费表现为明显的耐久性，不具习惯形成效应。武晓利和龚敏等（2014）利用动态随机一般均衡 DSGE 模型分析信贷约束与消费习惯形成特征对我国宏观经济波动和居民消费率的影响机制，研究发现习惯形成特征有效平滑了居民消费，有效减弱了不确定性对居民消费率和储蓄率的影响。陈凯和杭斌等（2014）探索了习惯形成的来源性问题，发现心理因素和受约束消费的存在分别是导致习惯形成主观和客观的原因，且后者带来的习惯形成强度远大于前者。凌晨和张安全（2015）考虑了中国特殊的城乡二元结构，在研究城乡居民习惯形成对预防性储蓄影响时发现即使控制了消费的习惯形成，中国城乡居民仍具有预防性储蓄动机，只不过这种动机是无习惯形成时的一半。翟天昶和胡冰川（2017）对中国农村家庭不同类别食品消费中的习惯形成效应进行检验，发现中国农村家庭食品消费存在习惯形成，且习惯形成系数随年份呈波动性下降趋势。

杜森贝利相对收入理论中消费具有两种效应："棘轮效应"与"示范效应"，依据这一理论，习惯形成也被分为内部习惯形成与外部习惯形成。国内这部分研究分别考察了内、外部习惯形成对中国居民消费的影响，并且研究普遍认为中国农村居民消费内部习惯形成显著，即农村居民消费具有"棘轮效应"，而城镇居民消费对农村居民消费的示范效应明显。陈立平（2005）通过引入外部习惯形成，从理论上解释中国高储蓄与高增长的关系。闫新华和杭斌（2010）将内、外部习惯形成引入消费结构，研究发现中国农村居民各项消费支出均表现出显著的习惯形成效应，而城镇居民消费对农村居民消费的示范效应表现在交通通信、文教娱乐服务与医疗保健消费支出方面。崔海燕和范纪珍（2011）将内、外部习惯形成与中国农村居民消费相结合，实证分析结果表明农村居民消费具有棘轮效应，内部习惯形成显著，而城镇居民消费同样对农村居民消费具有明显的示范效应。除上述研究外，严成樑和崔小勇（2013）就习惯形成对宏观经济学发展的影响进行归纳，进而形成一篇颇为详尽的文献综述，包括对习惯形成的一般框架、习惯形成与消费储蓄、习惯形成与经济周期和经济增长等方面的文献梳理。

国内学者也有从其他角度解释中国居民消费行为。程令国和张晔（2011）结合 2002 年中国家庭收入项目调查（CHIPS）数据估计了大饥荒时期（1959～1961 年）对家庭储蓄行为的长期影响。研究发现，早年经历较大饥荒的家庭表现出更高的储蓄倾向，具体为饥荒程度每上升 1 个点，家庭储蓄率大约会提高 23%～265%，为我国的居民高储蓄率提出了一种新的解释，同时也指出人们的消费—储蓄行为受到其早期经验，甚至遥远的童年时期经验的影响。叶德珠等（2012）研究发现儒家文化对消费具有深度抑制作用；姜伟等（2011）构建了一个两期经济模型，研究了消费者在不同情况下的情绪与物价变动和消费的关系，认为消费者情绪会影响物价和消费的波动，并会对货币政策的效果产生影响，在制定利率政策时要考虑到居民的消费习惯。

1.3　几个经典的习惯形成效用模型

具有习惯形成的效用函数与一般效用函数不同，由于它考虑了以往消费的影响，因此是时间不可分的。

1.3.1 迪南模型

迪南（Dynan，2000）是将习惯强度与消费变动联系起来提出习惯形成模型的。模型假定第 i 个家庭选择当期消费水平以实现效用最大化，效用函数形式如下：

$$E_t\left[\sum_{s=0}^{T}\beta^s u(\hat{c}_{t+s},\psi_{i,t+s})\right] \tag{1.3}$$

其中，E_t 为家庭利用全部信息所得出的 t 时期期望，$\hat{c}_{i,t}$ 为第 i 个家庭 t 时期的有效消费，它与同时期的实际消费 $c_{i,t}$ 正相关而与其以滞后期消费表示的习惯存量 $h_{i,t}$ 负相关，见式（1.2）。β 为折现因子，$\psi_{i,t}$ 反应消费者偏好的变化。规定习惯存量为滞后一期消费的简化形式，$h_t=c_{t-1}$，即选择 $\theta=1$。消费者为实现跨期效用最优就应使得相邻两期消费获得的边际效用相等，其对应的欧拉方程为：

$$E_t\left[MU_{i,t}-\alpha\beta MU_{i,t+1}\right]=E_t\left[(1+r_{i,t+1})\beta MU_{i,t+1}-(1+r_{i,t+1})\alpha\beta^2 MU_{i,t+2}\right] \tag{1.4}$$

其中，$r_{i,t+1}$ 为第 i 个家庭在 t 时期与 $t+1$ 时期间的储蓄回报率，$MU_{i,t}$ 为第 i 个家庭从第 t 个时期的有效消费中获得的边际效用，$MU_{i,t}=\partial u(\hat{c}_t)/\partial(\hat{c}_t)$，假定时间跨度 T 足够长且利率为常数，采用研究者常用的结论（Hayashi，1985），式（1.4）可以写为：

$$E_t\left[(1+r)\ \beta\ \frac{MU_{i,t+1}}{MU_{i,t}}\right]=1 \tag{1.5}$$

上式为期望形式，实际暗含着式（1.6）的存在：

$$(1+r)\ \beta\ \frac{MU_{i,t+1}}{MU_{i,t}}=1+\varepsilon_{i,t} \tag{1.6}$$

$\varepsilon_{i,t}$ 为误差项，无序列相关，表示由永久收入冲击带来的期望误差，若消费者具有理性预期，则有 $E_{t-1}[\varepsilon_{i,t}]=0$。假定效用函数具有如下常相对风险厌恶效用函数（CRRA）形式：

$$u(\tilde{c}_{i,t};\psi_{i,t})=\psi_{i,t}\frac{\hat{c}_{i,t}^{1-\rho}}{1-\rho} \tag{1.7}$$

ρ 为相对风险厌恶系数，从式（1.7）可得边际效用 $MU_{i,t}=\psi_{i,t}\hat{c}_{i,t}^{-\rho}$，代

入式（1.6）：

$$(1 + r)\beta \frac{\psi_{i,t}}{\psi_{i,t-1}} \left(\frac{\hat{c}_{i,t}}{\hat{c}_{i,t-1}} \right)^{-\rho} = 1 + \varepsilon_{i,t} \qquad (1.8)$$

将上式两边同取对数，并进行一阶差分，并将式（1.2）代入得：

$$\Delta \ln(c_{i,t} - \alpha c_{i,t-1}) = \frac{1}{\rho} [\ln(1+r) + \ln(\beta)] + \frac{1}{\rho} \Delta \ln(\psi_{i,t}) - \frac{1}{\rho} \ln(1 + \varepsilon_{i,t})$$

$$(1.9)$$

采用米尔鲍尔（Muellbauer, 1988）的做法：$\Delta \ln(c_{i,t} - \alpha c_{i,t-1}) = \Delta \ln c_{i,t} - \alpha \Delta \ln c_{i,t-1}$，则式（1.9）可以写为：

$$\Delta \ln(c_{i,t}) = \gamma_0 + \alpha \Delta \ln(c_{i,t-1}) + \gamma_1 \Delta \ln(\psi_{i,t}) + e_{i,t} \qquad (1.10)$$

其中，$\gamma_1 = \frac{1}{\rho}$，$\gamma_0 = \frac{1}{\rho} [\ln(1+r) + \ln\beta]$，$e_{i,t} = -\frac{1}{\rho} \ln(1 + \varepsilon_{i,t})$。

$\alpha \Delta \ln(c_{i,t-1})$ 说明当期消费受上一期消费的影响，$\gamma_1 \Delta \ln(\psi_{i,t})$ 代表偏好变化，可以包括性别、年龄、家庭结构、教育水平等。由此，可由式（1.10）进行习惯效应的经验研究，结合具体经济数据估计参数 α，以此获得消费者的习惯形成强度。

1.3.2　阿贝尔模型

阿贝尔（Abel, 1990）建立了一个可以包含三个效用函数的效用模型，并结合卢卡斯（Lucas, 1978）的资产定价模型来解释股权溢价之谜（equity premium puzzle），即股票收益率远远超过无风险证券收益率。这三个效用函数为：第一，时间可分的效用函数；第二，"追赶琼斯"[①] 效用函数，该效用函数依赖于与社会总消费的平均消费水平相关的个人消费支出水平；第三，包含习惯形成的效用函数。

每个消费者选择 t 时期的消费 c_t 来最大化其终生效用，阿贝尔（Abel, 1990）的效用函数基本形式为：

$$U_t = \sum_{j=0}^{\infty} \beta^j u(c_{t+j}, v_{t+j}) \qquad (1.11)$$

---

① "追赶琼斯"其含义是过去社会平均消费可以提高个体消费的边际效用（严成樑和崔小勇，2013）。

其中，v_{t+j} 为偏好参数，同时假定 v_t 满足如下形式：

$$v_t = \left[c_{t-1}^D C_{t-1}^{1-D} \right]^\gamma \tag{1.12}$$

$\gamma \geq 0$，$D \geq 0$，c_{t-1} 为消费者个人 $t-1$ 期消费，C_{t-1} 为 $t-1$ 期以总消费计算的平均消费。若 $\gamma = 0$，则 $v_t \equiv 1$，式（1.11）为时间可分效用函数，个体当期效用与滞后消费无关；若 $\gamma > 0$，$D = 0$，则参数 v_t 仅依赖于滞后一期的平均消费，这种形式的效用函数为"追赶琼斯"的效用函数；$\gamma > 0$，$D = 1$，参数 v_t 仅依赖于消费者自身的过去消费，这种效用函数为习惯形成模型。阿贝尔（Abel，1990）假定效用函数遵循等弹性形式（isoelastic form）：

$$u(c_t, v_t) = \left[c_t / v_t \right]^{1-\alpha} / (1-\alpha) \tag{1.13}$$

若 $\gamma = 0$，则上式为常相对风险厌恶效用函数（CRRA），$\alpha > 0$，为相对风险厌恶系数。而更一般的情况是，效用水平取决于相对消费水平（c_t / v_t）。在等弹性效用函数下，U_t 对于 c_t 的一阶偏导数为：

$$\frac{\partial U_t}{\partial c_t} = \left[1 - \beta\gamma D (c_{t+1}/c_t)^{1-\alpha} (v_t/v_{t+1})^{1-\alpha} \right] (c_t/v_t)^{1-\alpha} (1/c_t) \tag{1.14}$$

假定消费者均衡时所有的产量均被消耗殆尽，用 y_t 表示每单位资本非耐用品的消费数量。由于假设个体都是相同的，则有 $c_t = C_t = y_t$。令产量的净增长率为 $x_{t+1} = y_{t+1}/y_t$，有 $x_{t+1} = c_{t+1}/c_t = C_{t+1}/C_t$，由此式（1.12）意味着 $v_{t+1}/v_t = x_t^\gamma$，而式（1.14）也可以重新写成式（1.15），其中 $H_{t+1} \equiv 1 - \beta\gamma D x_{t+1}^{1-\alpha} x_t^{-\gamma(1-\alpha)}$。若 $\gamma D = 0$，则 $H_{t+1} \equiv 1$，这种形式是既包含时间可分（$\gamma = 0$）又包含由相对消费偏好决定（$D = 0$）的效用函数。

$$\partial U_t / \partial c_t = H_{t+1} v_t^{\alpha-1} c_t^{-\alpha} \tag{1.15}$$

为进行资产定价，考虑这样一种情况，消费者在 t 期购买股票而在 $t+1$ 期卖出，若资产价格处于均衡水平，则不会影响效用贴现，假定消费者减少 1 单位消费以购买股票获取 R_{t+1} 的回报率，并在 $t+1$ 期卖出，就可以使得 c_{t+1} 以 R_{t+1} 比率增加，消费者效用最大化即均衡时的资产回报率 R_{t+1} 必须满足：

$$E_t \left\{ -(\partial U_t / \partial c_t) + \beta R_{t+1} (\partial U_{t+1} / \partial c_{t+1}) \right\} = 0 \tag{1.16}$$

式（1.16）可以整理为：

$$E_t \left\{ \beta R_{t+1} (\partial U_{t+1} / \partial c_{t+1}) / E_t \left\{ (\partial U_t / \partial c_t) \right\} \right\} = 1 \tag{1.17}$$

结合式（1.15）有：

$$(\partial U_{t+1} / \partial c_{t+1}) / E_t \left\{ \partial U_t / \partial c_t \right\} = \left[H_{t+2} / E_t (H_{t+1}) \right] x_t^{\gamma(\alpha-1)} x_{t+1}^{-\alpha} \tag{1.18}$$

令 P_t^s 为 t 时期每股股票的除息价格，它即 1 单位的风险资本，回报率为 $R_{t+1}^s = (P_{t+1}^s + y_{t+1})/P_t^s$，令价格股利比率 $w_t \equiv P_t^s/y_t$，$P_t^s = w_t y_t$，故 $P_{t+1}^s = w_{t+1} y_{t+1}$，于是：

$$R_{t+1}^s = (1 + w_{t+1})x_{t+1}/w_t \tag{1.19}$$

将式（1.19）代入式（1.17）会有：

$$w_t = \beta E_t \{(1 + w_{t+1})x_{t+1}(\partial U_{t+1}/c_{t+1})/E_t\{\partial U_t/\partial c_t\}\} \tag{1.20}$$

依据式（1.20），若用 P_t^C 表示 t 时期债券的购买价格，则：

$$P_t^C = \beta E_t \{(1 + P_t^C)(\partial U_{t+1}/\partial c_{t+1})/E_t\{\partial U_t/\partial c_t\}\} \tag{1.21}$$

以 s_t 表示 t 时期购买无风险的票据价格，则：

$$s_t = \beta E_t \{(\partial U_{t+1}/\partial c_{t+1})/E_t\{\partial U_t/\partial c_t\}\} \tag{1.22}$$

若消费增长 x_{t+1} 是独立同分布的，就能够获得股票等风险资本价格的详解：

$$w_t = Ax_t^\theta/J_t \tag{1.23}$$

其中，$\theta = \gamma(\alpha - 1)$，$A = \beta E_t\{x^{1-\alpha}\}[1 - \beta\gamma DE\{x^{(1-\alpha)(1-\gamma)}\}]/[1 - \beta E\{x^{(1-\alpha)(1-\gamma)}\}]$，而 $J_t \equiv E_t\{H_{t+1}\} \equiv 1 - \beta\gamma DE\{x^{1-\alpha}\}x_t^\theta$；

$$s_t = q\beta x_t^\theta/J_t \tag{1.24}$$

其中，$q \equiv E\{x^{-\alpha}\} - \beta\gamma DE\{x^{1-\alpha}\}E\{x^{\theta-\alpha}\}$

$$P_t^C = Qx_t^\theta/J_t \tag{1.25}$$

其中，$Q \equiv \beta q/[1 - \beta E\{x^{\theta-\alpha}\}]$。

在习惯形成框架下，结合统计数据，无条件预期回报可以使用资产价格通过式（1.23）～式（1.25）计算得出。

1.3.3 卡罗尔模型

卡罗尔（Carroll，2000）利用阿贝尔（Abel，1990）建立了包含习惯形成的风险厌恶效用函数，以此分析高增长与高储蓄之间的关系。其包含习惯形成的效用函数为：

$$u(c,\ h) = \frac{(c/h^r)^{1-\sigma}}{1-\sigma} \tag{1.26}$$

其中，c 为实时消费，σ 为相对风险厌恶系数，r 代表习惯形成的重要性，介于 0～1 之间。若 r 为 0，则效用仅取决于消费，若 r 为 1，则效用取决于消费与习惯存量的相对水平。

个体关注与习惯形成相关的消费水平，习惯存量 h 取决于以往消费，是过去消费的加权平均值，其随时间的变化决定于消费与习惯存量的偏离：

$$\dot{h} = \rho(c - h) \tag{1.27}$$

参数 ρ 决定不同时期消费的相对权重，$\rho \geqslant 0$，且 ρ 越大当期消费越重要。由于习惯存量 h 会对消费作出反应，则跨期替代弹性不再是相对风险厌恶系数。

卡罗尔（Carroll，2000）使用 AK 生产函数，人均资本增长率为：

$$\dot{k} = (A - \delta)k - c \tag{1.28}$$

则现值哈密尔顿函数为：

$$H = U(c, h) + \psi[(A - \delta)k - c] + \lambda\rho(c - h) \tag{1.29}$$

引入无限期效用折现系数 θ，消费者终生效用为 $\int_0^\infty u(c, h)e^{-\theta t}\mathrm{d}t$。稳定状态下，$c$，$k$，$h$ 应以相同的比率增长，卡罗尔（Carroll，2000）得出了稳态时的消费增长率、消费—习惯存量比率以及资本—习惯存量比率：

$$\frac{\dot{c}}{c} = \frac{A - \delta - \theta}{\gamma(1 - \sigma) + \sigma} \tag{1.30}$$

$$\frac{c}{h} = 1 + \frac{1}{\rho}\left(\frac{A - \delta - \theta}{\gamma(1 - \sigma) + \sigma}\right) = 1 + \frac{1}{\rho}\left(\frac{\dot{c}}{c}\right) \tag{1.31}$$

$$\frac{k}{h} = \frac{1}{\rho}\left[\frac{\rho(\gamma(1 - \sigma) + \sigma) + (A - \sigma - \theta)}{(A - \delta)[(1 - \sigma)\gamma + \sigma - 1] + \theta}\right] \tag{1.32}$$

式（1.30）表示习惯存量追赶消费的速度，它与参数 ρ 相关，ρ 越大，当期消费越重要，习惯存量越大，c/h 越趋近于 1，追赶速度越快；消费增长率式（1.29）虽与 ρ 无关，但也与表示习惯形成重要性的参数 γ 相关，γ 越大，稳态时消费增长率越高（这主要是由于假定相对风险厌恶系数 $\sigma > 1$）。而习惯存量与人均资本存量的关系较为复杂，上述参数均有影响，但也容易看出 ρ 越大，k/h 越小，习惯存量对人均资本存量的降低作用越大。

由效用函数（1.25），以 c/h^γ 代替消费—习惯形成比，结合式（1.30），并令稳态时的增长率为 g，$h = c/(1 + g/\rho)$，这意味着：

$$ch^{-\gamma} = c[c/(1 + g/\rho)]^{-\gamma} = c^{1-\gamma}(1 + g/\rho)^\gamma \tag{1.33}$$

若 $\gamma = 0$，消费者最大化其效用仅依赖其消费水平；若 $\gamma = 1$，消费者最大化其效用仅与消费增长率有关，而其消费水平并不重要。

除上述阿贝尔（Abel，1990）模型给出的比例幂形式与卡罗尔（Carroll，2000）给出的比值形式的的习惯形成效用函数外，康斯坦丁尼德斯（Constantinides，1990）与坎贝（Campbell，1999）提出的可减形式（$c - rh$）效用函数也广泛使用。可减形式效用函数主要考虑消费绝对差值，比值形式的效用函数则将消费相对比（c/h^r）作为影响效用水平的关键。

1.4 消费理性研究

1.4.1 西方理性选择理论的一般假设演变

消费者能够实现效用最大化是理性消费的量化目标。传统经济学认为消费理性即消费者均衡问题是消费者如何在预算约束下选择各种商品的消费数量以使自身实现效用最大化。理论上，家庭消费之所以可以实现理性，源于经济学中最为基本的"经济人"与完全信息假设。然而现实中的消费者并非理论中的"经济人"，西方经济理论正是在效用最大化消费目标的前提下，令其一般假设不断向现实靠拢，从而得到丰富与发展，因而西方理性选择理论的演变也可以从其假设条件上窥见一斑。

经济人假设以完全信息与完全理性为分析前提，强调个体消费选择是为了实现效用最大化。成本价格理论正是在古典经济学"经济人"假设前提下建立起来的理论。新古典经济学在这一假设基础上开始关注不确定性下的个体选择行为，要求消费者的偏好满足内在一致性，同时注重探寻个体如何选择方能实现最大利益的途径，由此经济人假设转变为"理性经济人"假设，其核心是消费者自利原则下的内在偏好一致性与效用最大化的统一。

由于现实中的信息不对称，西蒙（Simon，1982）提出有限理性学说（bounded rationality theory）。有限理性消费者的决策目标并非是寻求"最优"选择，而是实现"满意"标准即可。西蒙（Simon）的有限理性与满意准则使得理性选择假设更加贴近现实。而卡内曼和特维尔斯基（Kahneman and

Tversky，1979）从行为经济学、史密斯（Smith，1994）从实验经济学研究中认为，个体选择其偏好不是单一的，而是多元的，认知本身也存在不确定性，消费者在选择的过程中个体的效用预期会随偏好的变化而发生调整，并非始终不变。综上，西方理性选择理论其演变路径是"经济人→理性经济人→有限理性经济人→有限理性行为人"[①]。

1.4.2 理性消费者的偏好与效用

消费者偏好是用定义在消费集 X 上的二元关系 $\geq$ 代表，$x^1 \geq x^2$ 意味着对于这个消费者 "x^1，x^2 至少一样好"。应用二元关系刻画偏好的特征富有意义，它在理论上要求较少的考虑消费者，只要求消费者可做出二元比较。对于理性消费者，消费者偏好需满足：第一，完备性。对于所有属于 X 集的两个选择 x^1，x^2，要么 $x^1 \geq x^2$，要么 $x^2 \geq x^1$。这一特性模化了消费者能够比较的概念，即消费者具有辨别事物的能力及估价这些选择（备择物）的能力。第二，传递性。对于属于 X 集的任何三元素 x^1，x^2 与 x^3，如果 $x^1 \geq x^2$，且 $x^2 \geq x^3$，则 $x^1 \geq x^3$。这一特性说明消费者选择具有一致性。第三，连续性。对于所有的 $x \in R_+^n$，"至少与 x 一样好"的集合（$\geq(x)$）与"比 x 差"的集合（$\leq(x)$）在 R_+^n 上是闭的，这一性质保证突然的偏好逆转不会出现。第四，非饱和性。对于所有 $x^0 \in R_+^n$，与对于所有 $\varepsilon > 0$，总会存在一些 $x \in B_\varepsilon(x^0) \cap R_+^n$，使得 $x > x^0$。这一性质是指在给定 x^0 的任何邻域内，总会存在至少其他一点 x 使得消费者偏好该点甚于 x^0，简单地说多总比少好。第五，凸性。如果 $x^1 \geq x^2$，那么对于所有 $t \in [0，1]$，$tx^1 + (1-t)x^2 \geq x^2$。这些偏好的性质决定了反映效用水平的无差异曲线的形状。

效用函数包含了消费者偏好关系的信息，一个效用函数被定义为如果对于所有 x^1，$x^2 \in R_+^n$，$u(x^2) \geq u(x^1) \Leftrightarrow x^2 \geq x^1$，那么实值函数 $u: R_+^n \to R$ 被称为代表偏好关系的效用函数。从而利用效用函数而非偏好关系本身分析消费者理论中许多问题将会更加方便。一个代表偏好关系的实值函数具有存在性、正单调转换的不变性、严格递增以及严格拟凹的性质。本书第 3 章将利用效

---

① 参见何大安（2016）。

用函数性质对构建的习惯形成效用函数进行检验。

1.4.3　非理性消费因素研究

现实经济情况更为复杂，个体消费理性难以实现，理性主义必然存在局限性。对于理性问题的研究，一些学者从其反面非理性入手，分析消费行为的非理性因素，尽管非理性研究仍属于"小众"。上述理性选择理论假设的演变也同样给出了非理性产生的原因，无疑信息不完全首当其冲。古典经济学中的"经济人"假设认为消费者是理性的，消费者之所以理性也恰是由于给予了完全信息的预设条件，而现实中的完全信息是不存在的，由此建立在其基础上的"经济人"假设也必然具有局限性。信息不完全一方面是由于人的认知能力有限，即人们不可能知道任何时间、任何地点发生的任何事情，同时也说明即便不同消费者接收到同样的信息，他们处理的结果也会存在明显差异。由此，从信息不完全引申出消费非理性的另一因素，消费者认知能力的有限性。卡内曼和特维尔斯基（Kahneman and Tversky，1979）提出的预期理论（prospect theory）正是基于消费者认知修正了传统风险决策学说。该理论认为，对相同大小的所得和所失，消费者更看重所得，认为非理性的主要原因为人类认知的有限性。另外，市场经济本身也不可能生产出足够的信息并且对它们进行最有效率的配置。上述研究显示，不确定性是引发消费非理性的重要因素。不确定性数量的多少将决定消费者未来预期理性或非理性可能性的大小，加之不确定性与金融风险相辅相成，它将进一步影响消费者的理性预期。"羊群效应"（herdbehaviour）亦称"从众效应"是非理性的又一解释因素，它是指微观主体的决策缺乏自己的个性和主见，要受到大多数人的影响，会出现跟从大众的思想或行为，从而直接影响消费者偏好，最终影响个体决策结果（Himilton，1971），因此会与微观经济学中主体"理性"的假设相偏离。西蒙（Simon，1982）认为正是因为不确定性与风险的存在，加之人们认知的有限性使得人们不可能知晓所有相关信息，人们最终得到的不过是相比较而言满意的答案而并非最优选择。人们认知的有限性使得他们无法将不确定性产生的风险降为零，一般而言认知能力越差，消费者抵御不确定性或风险的能力就越差，也因此它会进一步强化消费者认知能力的有限性，降低消费者信心。除上述观点外，货币幻觉、过度反应（Arrow，1982）、家庭经济能力（Hoch and Loewenstien，1991）、短视消费也是非理性因素。货币幻觉指的是人们只注重货币的名义价值，而忽视货币实际购买力的心理错觉，它最早由费雪于 1928 年提出，是货币政策的通货膨胀效应，它是影响家庭消费决策的众多潜在异象之一。过度反应指的是对现有信息的认识超过正常状态的反应，这种超强反应主要基于消费者的情绪与认知等心理因素。对于过度反应的研究主要集中于资本市场，尤其是股票市场。由于股票市场存在许多不确定性引发了投资者心理上的非理性倾向，众多投资者非理性投资的共同作用致使股票出现暴涨与崩盘的现象。

1.4.4 理性预期研究

理性预期产生于 20 世纪 60 年代初期，代表人物为罗伯特·卢卡斯（Robert E. Lucas），他也因此获得 1995 年诺贝尔经济学奖。穆特（Muth，1961）在《理性预期与价格变动理论》中首次提出理性预期（rational expectation）的概念。到了 70 年代，卢卡斯和萨金特（Lucas and Sargent，1975）与巴罗（Barro，1976）对理性预期理论（rational expectation theory）的发展做出了巨大贡献，形成了理性预期学派。理性预期是指人们对未来事件进行有根据的预测[①]，也包括心理直觉与经验。理性预期理论假定价格与工资是完全灵活的，且消费者是充分利用可获得的信息来制定消费决策的。理性预期学派认为政府的宏观经济政策效果在消费者的预期是理性时很难显现，因此相对于凯恩斯所提出的短期相机抉择的功能财政，政府应力求长期中经济政策的一致性与连贯性，减少不确定性的干扰，合理引导人们的理性预期。

理性预期学派的主要贡献之一是将理性预期引入经济模型检验其存在性。对于此类问题，大多数文献集中于研究消费者的持久收入预期以及通胀预期是否理性以及消费者行为是否存在过度反应上。对持久预期的理性研究主要基于弗里德曼（Friedman，1957）持久预期假说与霍尔（Hall，1978）的随机游走持久收入假说。持久收入指消费者能够预期到的长期收入，可以依据

---

① 贾康，冯俏彬，苏京春."理性预期失灵"：理论，逻辑梳理及其"供给管理"矫正路径 [J]. 财政研究，2014（10）.

可观测的若干年的收入数据获得，而随机游走假说认为若消费者存在理性预期，消费与收入的过去水平都不会对当期的消费决策产生任何影响。尽管如此，二者都描述了理性预期下的消费特征，因此在实证研究中也都被不同程度用于消费理性预期的检验。

就预期在通胀中的影响，菲利普斯（Phelps，1967）和弗里德曼（Friedman，1968）把通胀预期引入菲利普斯曲线，给出通胀预期形成机制为适应性预期的假定。然而卢卡斯（Lucas，1972）的研究表明，理性预期而非适应性预期才是通胀预期的形成机制。经济政策会影响预期机制的形成，并从中反映出来。当经济政策发生变化时，通胀预期的形成机制也会随之发生变化，而适应性预期却暗示着通胀预期机制的形成是一个固定不变的过程。对于通胀预期理论的研究，国外学者福赛尔斯和肯尼（Forsells and Kenny，2002）对通货膨胀预期是否是理性进行了检验；科佐和韦德（Kozo and Ueda，2009）研究了家庭通货膨胀预期的决定因素；勒迪克等（Leduc et al.，2007）研究了通货膨胀预期如何自我实现。对于通胀预期究竟是理性还是适应性预期的争论：罗伯特（Roberts，1997），阿克洛夫、狄更斯和佩里（Akerlof, Dickens and Perry，2000）认为现实中的通胀预期有部分适应性预期的存在，并非是完全理性的；加利和盖特勒（Gali and Gertler，1999），加利等（Gali et al.，2005），奈斯和内尔逊（Neis and Nelson，2005）则更强调理性预期的重要性。狄亚思和杜阿尔特（Dias and Duarte，2010）等运用欧洲地区的消费调查数据，对消费者的通货膨胀预期是否具有理性进行了研究，认为消费者的理性预期假设并不能得到验证，没有证据显示消费者行为的无偏性存在。有的国家，如葡萄牙和西班牙的通货膨胀具有较强的社会效率，但有些国家相对弱一些。

关于消费者是否理性的问题，珍－保罗（Jean－Paul，2012）使用美国1995~2008年经济数据对消费者是否过度反应进行了理性预期检验，他把美国消费增长变化周期归因于消费者在任何时间对于生产趋势的难以正确把握因而造成经济繁荣与萧条的更替，并得出美国消费者对于长期生产水平反应过度的结论。

国内对于理性预期验证这一问题的研究主要集中在持久收入假说与通胀预期的理性检验，通过利用实际经济数据探讨中国家庭消费对于持久收入以及通货膨胀的反应，找出消费者通货膨胀预期的形成机制，可以为宏观经济政策的制定起到良好的导向作用。对于持久收入预期，主要检验消费对收入是否存在过度敏感性，中国家庭消费是否受可预期的持久收入决定。而对于通胀预期主要集中于消费者对通货膨胀预期的形成机制为适应性还是理性的探讨，从而为政策实践提供理论依据。朱宪辰和吴道明（2001）借助霍尔（Hall，1978）检验理性预期持久收入的估计方法，结合北京地区数据对居民受预期影响后的边际消费倾向变化程度进行识别，得出城镇居民的支出结构预期是边际消费倾向发生变化的一个原因。王志伟（2002）认为理性预期是指从事经济活动的人在进行经济决策和经济活动之前，对未来的经济形式及其变化做出的一定的估计，以免造成经济损失或错过盈利机会。刘建民和欧阳俊等（2003）延用霍尔（Hall，1978）的做法，利用正交性检验与敏感性检验验证理性预期持久收入假说对我国总体消费行为特征的解释能力，得出否定的结论，而对于除城镇居民的中高收入以上居民外，理性收入持久预期假说则可以解释分组居民（城乡居民）的消费行为。李永宁和赵钧等（2010）结合中国相关经济数据对通胀预期的四种形式包括静态预期、外推预期、适应性预期与理性预期进行了检验，认为经济学家对通货膨胀预期采取了适应性预期方式。于光耀和徐娜（2011）结合我国人民银行《储户问卷调查综述》中物价预期的微观数据探讨了中国通胀预期究竟是理性的还是适应性预期问题，研究认为中国通胀预期的形成机制、通胀预期对于现实通胀的影响程度以及政策制定部门应对通货膨胀的重点取决于我国居民物价预期所服从的分布：如果服从均匀分布，则我国通胀预期或为适应预期或为理性预期，此时通胀预期在现实通货膨胀形成中占主导地位，可以通过以通货膨胀为目标制定增强政策透明度的方法来调控通货膨胀；如果服从其他分布，我国通胀预期为理性预期，此时通胀预期、过去通胀水平和 GDP 缺口都会对现实通货膨胀具有显著性，央行要注意通胀预期的管理，也要努力保持货币政策的连续性与稳定性以合理引导居民的预期。李永宁等（2010）、肖曼君和刘时辉（2011）、刘金全等（2011）认为，由于我国市场经济不发达等因素，我国通胀预期为适应性预期。而陈彦斌（2008）则假定我国通胀预期为理性预期，以此为基础来研究我国通货膨胀问题。而肖争艳和陈彦斌（2004）发现中国居民通胀预期不是完全理性预期。肖争艳等（2005）对中国居民通胀预期的异质性进行了研究，认为存在明显的异质性。张蓓（2009）认为我国消费者通胀预期对实际通胀有影响，消费者根据通货膨胀的历史情况和自己过去的预期偏差来形成未来通胀预期，预期有自我实现的特征。马树才和蒋诗（2014）探讨了最初消费倾向不同的消费者其消费、效用随预期通胀率与利率变化的关系，得出中国城镇居民短期消费是理性的结论。马树才和蒋诗（2015）通过探讨不同类型消费者消费与效用随预期通胀率和利率变化的关系，得出在理性预期的前提下，消费者预期通胀率小于某一较高水平时，提高利率并不能起到降低消费从而抑制通货膨胀的作用。在此基础上利用1995～2012年相关经济数据实证研究表明我国城镇居民短期内消费行为具有理性。蒋诗和马树才（2017）基于动态效用函数与消费者均衡原理构建居民消费选择模型，利用我国1993～2014年城镇居民相关经济数据探讨居民对于效用延期不同的两类商品消费行为是否理性的问题，研究得出我国城镇居民对于效用延期较短商品的消费更具理性，消费习惯与价格预期均具显著影响；而对于效用延期较长商品的消费在2004年以前比较理性，消费逐渐偏离理性状态的原因之一是缺乏对未来价格的准确预期。

| 第 2 章 |
习惯形成下消费理性的界定

2.1 习惯形成与消费理性的一般关系

2.1.1 习惯形成下偏好"外在阶段一致性"假设的提出

"偏好的一致性"是传统经济学与新古典经济学的基本假设,然而以信息不对称与有限理性约束为基础的新古典经济理论则认为个体选择偏好是多元的,它对不确定条件下的个体选择偏好作出了二元关系为分析基础的"内在一致性"描述(何大安,2016)。这种描述认为个体具有一种理性化能力,在可供选择的全部子集中能够寻找出比当前消费束更受偏好的一组消费束,个体可以在这样的消费束下实现效用最大化。围绕这一观点,新古典经济学家试图通过一系列数理经济模型来论证这种对应关系(Richter,1971;Arrow and Debreu,1954)。进一步,由于实际经济问题、经济现象较为复杂,加之消费者认知能力的有限性,明智的(intelligent)与向前看(looking-forward)的消费者是相对存在的。一些学者依据中国居民近年来的消费行为给出我国居民消费"短视"的假定,即个体不是以一生效用最大化作为消费目标,而是在其生命周期的不同阶段拥有不同的消费/储蓄目标(余永定和李军,2000;叶海云,2000)。消费者的"短视"行为与认知能力的有限性使得消费者"偏好内在一致性"假定难以成立。实际上一个效用函数本身就是在满足偏好所具备的基本关系上建立起来的，偏好需满足完备性、传递性、连续性、非饱和性，效用函数中此偏好内在一致性假定隐含存在且无需度量。在包含不确定性的经济中，个体偏好更易于受到外界经济政策与环境的影响，偏好的内在一致性虽然保证了个体可以选择更受偏好的消费束，但却无法了解个体偏好对于外部冲击的反应变化，本书将偏好随外部经济环境变化调整的部分称为"外在偏好"。而且，复杂的经济状况使得消费者终其一生的一致偏好难以满足，相对整个生命周期而言现实中的消费者都是"短视"的，只是短视的时期长度不同而已，与假定的内在偏好不同的是考虑外部冲击影响的偏好变动可以借助数学工具加以度量和考察。

　　一种偏好往往要保持一段时间才会形成习惯，不同的偏好会形成不同的习惯，因而习惯可以看作是偏好的外部表现，且其具有阶段性。若外界环境不发生改变，个体内在偏好则相对固定，但当消费受到外部冲击时，偏好很可能发生变化，而这种改变主要迫于外部经济环境的波动，消费者为保证自己的境况不会变差，或至少主观认为可以避免效用损失而做出的必要调整。依据我国消费者"短视"消费行为目标以及不确定性日渐增多的经济环境，放宽"偏好内在一致性"条件，提出"偏好外在阶段一致性"假设[①]：具有习惯形成的有限理性消费者其偏好不必要保持终生一致，消费者可以依据所处生命周期与外部经济环境的变化对自身的偏好做出适当调整。一种情况是，就整个研究时期来看调整的幅度较小，虽有变化却基本维持在一个较为稳定的水平；或是，在某时期由于受到某种外部冲击，消费者适当调整了自己的偏好，但偏好改变后能够维持一段时间的稳定性。由于消费习惯是在消费偏好的保持下形成的，因此，偏好的稳定期可以看成是一种习惯的形成期，以习惯形成变动表示的偏好变化也正是反映个体消费对外部冲击的反应状况，若外界环境不发生变化，消费者偏好也不易发生改变，进而会保持相对一致的习惯存量累积速度。这种偏好的变化体现在对于习惯存量累积状态的变化，因而与效用函数中关于偏好的严格界定并不矛盾。

---

　　① 这里的"外在"意思是个体偏好的变化在很大程度上取决于周围环境的变化，而无关外界条件改变的偏好调整较小。

2.1.2 习惯形成下消费理性的含义

习惯形成产生了不同于真实消费的有效消费，有效消费是个体能够从中获取效用的那部分消费。习惯形成使得真实消费减少，导致效用损失。图 2 - 1 中，效用来源于消费，在引入习惯形成影响之前，该消费为真实消费 c，效用函数形式为 $u(c)$，满足 $u'_c > 0$，即效用随真实消费的增加而增大（图 2 - 1 中路径（1））；引入习惯形成影响后，效用为真实消费 c 与习惯存量 h 的函数，$u(c, h)$，h 由过去消费累积而成，效用函数需满足 $u'_c > 0$，$u'_h < 0$，或效用为有效消费 $\hat{c}$ 的函数 $u(\hat{c})$（图 2 - 1 中路径（2））。$\hat{c}$，c 与 h 的线性关系为 $\hat{c} = c - \alpha h$（见第 1.1.2 节），其中，α 为习惯形成强度，α 越大表明等量习惯存量对真实消费降低越多，有效消费越少，从而效用水平越低。

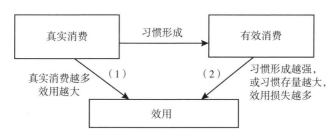

图 2 - 1　消费、习惯形成与效用关系

瑞德和希尔（Ryder and Heal，1973）从心理学角度解释习惯形成与效用间的负向关系：同样的、重复的消费过多，会令消费者感到厌烦。习惯形成减少了真实消费对个体满足程度的贡献，使个体效用与无习惯形成下消费者最大化时的效用产生不同程度的偏离，因而可以将习惯形成看作是消费理性与否的根源之一。α 直接度量了一定的习惯存量对效用的损失程度，反映了习惯形成的强弱，而习惯存量的累积过程，即滞后期消费在多大比例上累积习惯存量也决定习惯形成的影响，从而影响消费水平与消费理性程度。由此，习惯形成下的消费理性是指在满足偏好外在阶段一致性假设的基础上，个体可以有效利用已有经济信息排除不必要的外在干扰，按照当前收入与习惯存量确定当期消费水平以获得令个体满意的效用水平。由此，习惯形成下"消费理性"应满足两个条件：一是效用实现最优或达到"满意"标准；二是可以度量的依据外部环境调整的消费外在偏好要至少满足阶段一致性。

现实中并不存在完全理性或完全非理性的消费者，个体消费都兼具理性与非理性的特征，此处的理性仅是就习惯形成影响而言，因此在本书研究范围内，若不满足对于消费理性所设定的条件，就将其统一归为消费的非理性。需要做出说明的是，这种非理性并非完全无理性，一是消费还要受到其他影响因素的制约，二是即使不满足所设定的理性条件，消费也并非完全无理性，只是相对于消费理性而言理性程度偏低而已。

2.2 习惯形成参数与消费理性

2.2.1 习惯存量比例系数与习惯形成久远性和偏好一致性

习惯存量的大小决定有效消费水平，由过去消费累积的习惯存量要受到习惯存量比例系数大小的影响，这一参数水平反映习惯存量的累积速度。习惯存量时间演化的一般形式为 $h_t = (1-\theta)h_{t-1} + c_{t-1}$，见式（1.1）。其中，$\theta$（$0 < \theta < 1$）是过去消费积累存量的比例折旧。若 $\theta = 1$，即为简化形式的习惯存量，$h_t = c_{t-1}$；θ 越接近 0，对于过去消费所形成的习惯给予的权重越大。现有文献研究习惯形成影响时，对于习惯存量水平通常采取比例系数为 1 的简化形式。然而，习惯形成往往包含一定的时间长度，某种习惯形成的时间越长，越不容易调整，比例系数为 1 的情况不能细致考察个体消费偏好的变化，以及习惯形成的具体过程。考虑 $\theta \neq 1$ 的情况，将习惯存量的时间演化形式展开：

$$h_t = (1-\theta)^p h_{t-p} + c_{t-1} + (1-\theta)c_{t-2} + \cdots + (1-\theta)^{p-1}c_{t-p} \qquad (2.1)$$

若 p 较大，习惯存量 h_t 可以全部由各滞后期消费表示（见式（2.2））。理论上，习惯存量全部累计完成时 p 与 θ 会满足 $(1-\theta)^{p-1} \to 0$，二者呈反向变化关系，我们称滞后期数 p 为"习惯存量累积长度"，反映习惯形成的久远性。由此习惯存量比例系数 θ 可以用来描述习惯形成的持久性。θ 越小，h_t 要受到更多期滞后消费的影响，亦即习惯形成越久远，而习惯形成越久远就越难做出调整，从而个体可能拥有更强的习惯形成。

$$h_t \approx \sum_{i=0}^{p} (1-\theta)^i c_{t-1-i} \qquad (2.2)$$

进一步可以利用习惯存量比例系数的动态过程考察个体偏好的变动情况，验证偏好外在阶段一致性假定是否成立。一定的 θ 值代表这一时期个体某一确定的习惯存量，若 θ 较稳定，说明习惯存量累积长度基本相同，即受大致相同期数滞后消费的影响；若 θ 发生较大幅度的改变，习惯存量累积长度发生变化，个体形成另一偏好下的消费习惯。虽然现实经济生活中个体由于认知能力有限不可能完全整合信息、知晓未来，但个体对各种冲击的反应会在自身消费行为上有所体现（消费行为的变化发生在偏好变化之后），若消费做出明显改变，则会令当前习惯形成发生变化。对于理性消费者而言，即便个体受到外部冲击时表现不同，但也会由于较强的辨识、处理各种经济信息的能力使自身形成较为稳定的预期，习惯存量的累积速度会表现得相对平缓，即拥有较为稳定的习惯存量比例系数，从而拥有较为一致的偏好。

2.2.2 习惯形成强度与消费选择的瞬时灵活性

习惯形成强度也称习惯形成效应，它反映一定的习惯存量对效用的损失程度。上述有效消费、真实消费与习惯存量线性关系中的 α 即为表示习惯形成强度的参数。习惯形成强度还可被看作是习惯在效用中的重要程度 γ，γ 通常被直接引入习惯形成效用模型（Carroll，2000；Constantinides，1990；Campbell and Cochrane，1999）。

消费习惯在效用中越重要，习惯形成越不容易改变，当个体偏好发生变动时，消费难以及时调整跟进，个体满足程度降低。例如，某消费者消费属于"勤俭节约"型，当外界条件发生变化时（如某奢侈品价格出现较为明显的下降刺激该消费者产生需求），由于受到习惯形成的制约，消费者为做出消费决策思考犹豫时间较长以至于消费行为不能随偏好变动及时调整，偏好无法得到满足。由此参数 α 或 γ 的可以用来表示消费决策依据偏好变化及时调整的灵活程度，称其为"消费选择的瞬时灵活性"，它是指消费者在偏好发生瞬时变化时能够摆脱已有习惯形成并做出与当前偏好一致的消费选择的灵活程度。习惯形成较强，消费选择瞬时灵活性较差，效用损失越多，个体不理智消费越多，消费信心随之下降，从而越畏惧做出选择，且当前的不理智消费会加剧下期消费的不理性。

2.3 习惯形成、不确定性认知与消费理性——理性预期对消费理性的支持

不确定性的存在与日渐增多为个体消费选择带来了更多困难，加大了消费者认知的有限性，阻碍消费理性的提升。而习惯形成理论将习惯形成看成是一种规避不确定性影响的谨慎行为（Deaton，1992；Carroll and Weil，1997），个体会因此保持更低的当期消费与更高的储蓄。

2.3.1 习惯形成与不确定性认知

2.3.1.1 习惯形成反映不确定性认知状况

不确定性产生于宏观经济、政策的实施，或制度变迁打破了当前已经形成的稳定性抑或某种均衡。江晓薇和宋红旭（2011）认为市场经济其实也是宏观调控经济，中国居民将在未来很长一段时间都会面临与不确定性共存的局面。面对冲击，是维持现状、墨守成规还是做出改变，消费者都将会为此承担不同程度的经济风险。维持现状也并不一定可以保持原有境况，一方面，消费者已有的习惯形成会累积更多的习惯存量，从而降低效用水平；另一方面，在冲击来临时，消费者的偏好会随之产生不同程度的变化，保持原有的习惯形成只能令其偏好与当前发生偏离，从而获得的满足减少，两种情况都会降低消费者的理性程度。从另一侧面看，宏观经济政策、市场经济信号也是个体应对不确定性、合理预期并安排消费活动以提升自身境况的主要参考，学会应对不确定性，提高抵御不确定性的能力是缓解不确定性影响的有效手段。这就要求消费者具有良好的辨识、整合与处理各种信息的综合能力。因而，在不确定的经济环境中，只有积极应对，并具有良好的应变能力才能真正降低经济风险。

市场化在城镇率先开始，我国城镇居民较农村居民更早的面临不确定性。具有较高文化素质的城镇居民其消费谨慎程度较低，不仅是因为他们拥有较高的收入水平，还由于他们能够对政策信息给予更好地把握。而受教育程度较低的农村居民在市场化进程中，面对诸多不确定性时更容易产生畏惧心理，害怕做出改变，维持当下或许成为他们最好的选择。现有研究也提供了支持：习惯形成提高了农村居民的家庭储蓄倾向（贾男和张亮亮，2011）；财富水平越低，消费者未来消费不确定性越大，预防性储蓄动机越强（杜海韬和邓翔，2005）；收入不确定性无法解释消费中的部分不确定性（王克稳和李敬强，2013），暗示了习惯形成对消费不确定性的确定影响。

若消费者不确定性认知能力较弱，在不确定性的经济环境中，就会持有更为谨慎的消费行为，从而习惯形成更强。较强的习惯形成使得个体消费行为依据偏好变动调整的灵活性较差，习惯形成更久远，从而习惯形成可以反映该个体对不确定性认知的状况。这样考虑是因为，20 世纪 90 年代以后，中国市场经济体制不断深化，消费需求扩张与经济快速增长的相互带动促使消费结构升级步伐加快。消费需求变动代表消费偏好的变化，在消费偏好不断更新的过程中，若人们的偏好不能得到满足，较高效用水平就难以实现。2010 年后，新消费逐渐形成，消费品质、消费层次、消费形态与消费方式和消费行为都表现出明显的趋势性变化。主要包括：一是消费层次由温饱型向全面小康型转变，2013～2015 年，中国居民恩格尔系数从 31.2% 下降到30.6%，接近联合国划分的 20%～30% 的富足标准；二是消费品由中低端向中高端转变；三是消费形态由物质型向服务型转变，表现在生活必需品得到满足的基础上，居民对医疗、养老、信息乃至家政、旅游等新型服务需求增加；四是电子商务颠覆了传统的消费模式，网上购物规模扩大、电子支付方式逐渐普及，2015 年中国网上零售额 38773 亿元，同比增长 33.3%[①]。新消费的逐渐形成必然伴随着居民消费偏好与习惯形成的改变。

综上所述，我们认为习惯形成是个体对不确定性认知，即个体抵御、处理不确定性的外部表现，而非面临不确定性多少的外部反应。它能够为宏观财政与货币政策方向的选择提供理论依据。这是因为，国内市场化不断加深

---

① 以消费升级为导向加快推挤供给侧结构性改革［N］. 经济日报，2016－03－29.

与国际市场的复杂性都需要宏观经济政策的调控与干预，这些都将使得不确定性长期存在。要促进消费增长，宏观经济政策就要注重对于不确定性的降低，但更要重视提升居民认识，处理不确定性的能力，这不仅有助于缓解居民习惯形成，还有利于促进财政与货币政策效果。

2.3.1.2　习惯形成参数与不确定性认知能力

θ 是描述个体习惯存量累积速度的参数，也可以用来反映消费者习惯形成的久远性与偏好的变动情况。若 θ 变动频繁，不具阶段一致性，则个体偏好越不稳定，越容易受到不确定性的干扰。α 或 r 代表习惯形成在效用中的重要程度，也可以用来反映个体消费偏好在受到外界冲击时消费行为依据偏好调整的瞬时灵活性。若这种灵活性越差，表明个体对不确定性认知的能力越弱，越畏惧做出选择。同时，个体消费选择越不灵活也就越不得不较长时间保持某种消费习惯。因而可以利用习惯形成参数来比较、验证中国城乡居民对不确定性认知能力的状况。

2.3.2　习惯形成、不确定性认知与消费理性的一般关系

习惯形成的久远性与消费选择的灵活性取决于居民收入多少，文化素质高低，消费技能强弱等制约抵御经济风险能力的因素。个体在以上方面若均处于较强的一面，就有很小可能拘泥于某种消费习惯，习惯形成的时间长度较短，而消费观念更是会随着个体收入，教育程度，经历及视野与面对各种冲击的应变能力等发生变化。消费结构在升级，消费决策也是"与时俱进"的，因此，若消费者能够更快、更好地适应某时期出现的新消费观念与模式，就越容易改变当前的习惯形成。此类消费者消费谨慎程度小，却又并非无所畏惧，恰恰相反，他们拥有较强的抵御经济风险的能力与消费技能，能够较好的依据当前各类经济信息对未来做出较为合理的预期，消费计划制定较为合理，习惯形成较弱。

由此，习惯形成、不确定性认知与消费理性间的一般关系为：不确定性认知引发并强化个体消费习惯形成，习惯形成为不确定性认知能力与处理结果的外部表现，正是由于对不确定性认知的不同使得中国城乡居民具有不同

的习惯形成，进而影响个体的消费理性。仅考虑三者之间的影响，消费习惯形成越弱，处理不确定性影响能力越强，消费者就能够依据自身条件与各种信息较为合理地安排一段时期内的消费计划，经济中确定性因素增多，消费者越容易实现对未来的理性预期。从而基于确定性影响，并考察不确定性干扰的理性预期学说能够为消费理性的检验提供理论与实证支持（见图 2 - 2）。田青和高铁梅（2009）研究得出，比较来看高收入者由于收入增长较快，并且对未来能够更好地预期，因此面临的不确定性风险相对较低，而对于低收入者，教育、医疗等社会保障制度改革的影响更为严重，面临的不确定性风险也较高。由此，消费理性程度较高的居民应具有更为理性的预期，即经济中的确定性因素较多，而不确定干扰较少。

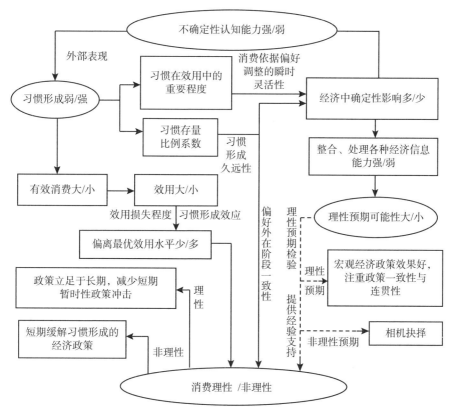

图 2 - 2 习惯形成、不确定性、理性预期与消费理性关系

2.4 消费理性的检验过程

消费理性检验即检验消费是否满足本书研究范围内习惯形成下的消费理性条件：一是消费在当前习惯形成下实现效用最大或最优；二是消费者偏好在外部不确定性的影响下要满足阶段一致性。

2.4.1 实际有效消费与效用最大化时的均衡消费的线性拟合

结合上述消费理性的含义，个体消费的目标就是在 t 期通过选择一定的消费水平以实现这一时期的效用最大化。t 期消费受个体自身消费习惯的制约，由于习惯形成可以表示为过去消费的加权平均值，故 t 期消费要依赖当期收入以及滞后期消费的影响，从这种表示上看，这种习惯形成属于内部消费习惯（外部消费习惯通常以社会平均消费水平表示）。另外，由于习惯形成的存在，消费者是综合了历史消费与未来消费可能的考虑，因此这一过程也是一定时期内消费的动态调整过程。考虑消费者均衡需要我们构建包含习惯形成的效用函数，并求解其一阶条件，此效用函数的一阶条件即为我们进行消费均衡分析的基础模型。进一步，我们将消费者均衡时的数理经济模型转换为可以用于实证研究的计量经济模型，考察消费者效用最大化条件下城乡居民消费习惯形成的具体特征并获得消费者效用最大化条件下的各期消费均衡值。

对于实际有效消费的获得，我们依据一般经济理论建立具有因果关系的动态线性计量经济模型估计习惯形成强度，将模型拟合值作为居民各期实际有效消费值。进一步利用统计方法将实际有效消费值与消费者效用最大化条件下的均衡值进行线性拟合，考察二者的一致性，若二者在统计上相等则该项检验通过。

2.4.2 偏好的外在阶段一致性检验

由于实际经济问题、经济现象较为复杂，通过消费者均衡时的消费构成确定参数，在参数一定的情况下，满足消费者效用最大化，因此这一过程消费束反映的消费者偏好恰是可以使自身获得效用最大化时的消费束，也即可以实现效用最大化的偏好。

习惯存量比例系数 θ 的逐期变化可以用来反映个体偏好是否具有外在阶段一致性。由于偏好一经形成一段时期内不易改变，习惯所反映出来的也正是个体基于这种偏好所做出的消费行为，由此消费者偏好发生变化时必然伴随着习惯形成的改变，习惯存量累积状况也会与以往表现不同，从而习惯形成的时间长度会随之改变，模型参数 θ 的变动恰能够作为衡量反映这一变化过程的指标。具体来看，若偏好由于受到自身或外部的冲击发生明显改变，消费者就会调整当期消费决策，以往消费的参考作用，即权重发生改变，从模型上看就是习惯存量受滞后消费影响的期数会有所不同，从而形成不同的习惯存量累积长度。因此，我们将对参数 θ 做动态考察。依据上述对"偏好外在阶段一致性"所做的规定，若 θ 变化幅度较小，基本稳定在同一水平，或是虽有明显变化但却保持一段时间的稳定性，则认为满足放宽了的习惯形成下消费理性的"偏好一致性"假定，即"偏好外在阶段一致性"假设成立。此部分将使用系统广义矩估计与折息递推最小二乘两种方法考察习惯形成比例系数 θ 的逐期变化情况。

2.4.3 城乡居民消费理性的经验支持——理性预期检验

依据本书研究范围内习惯形成下的消费理性应是个体在不确定性的经济环境中具有较强的辨识、抵御和应对不确定性影响的能力，能够通过整合各种经济信息对未来进行合理预期，从而习惯形成较弱，消费理性程度偏高，因而得出理性消费者应持有理性预期的结论。理性预期检验结果能够进一步为上述消费理性检验提供经验支持。此部分将进行两种理性预期检验，一是持久收入理性预期检验，包括正交性与敏感性检验，检验结果可以用来说明习惯形成下消费的"过度敏感性"与"过度平滑性"，二是通货膨胀理性预期检验，对比习惯形成下消费理性与否的结果讨论对个体对不确定性认知的状况。

【小结】本章为本书的理论核心，主要界定了习惯形成下消费理性的一般含义，包括提出"偏好外在阶段一致性假设"；建立习惯形成两参数与消费理性的关系。具体来看，习惯存量比例系数可以用来反映习惯形成的久远性与验证偏好外在阶段一致性假设是否成立，而习惯形成强度可以用来说明消费者习惯依据偏好调整的灵活程度，称其为"消费选择的瞬时灵活性"；依据习惯形成理论，通过查找习惯形成、不确定性认知与消费理性的可能关系，提出"习惯形成是个体不确定性认知能力的外部表现，而非面临不确定性数量多少的外部反映"这一观点，并进一步提出基于确定性因素考察不确定性影响的理性预期检验能够为中国城乡居民习惯形成下消费理性的实证研究提供经验支持。由此，习惯形成下的消费理性需要满足两个条件：一是消费在当前习惯形成下实现效用最大化或最优化；二是消费者偏好在外部不确定性的影响下要满足阶段一致性。在此基础上，借助消费习惯参数，给出消费理性实证检验的一般过程。

| 第 3 章 |

习惯形成计量经济模型

在迪南（Dynan，2000）模型框架的基础上，通过建立动态效用函数，获得可以用于实证研究的计量经济模型。

3.1 动态效用函数的建立

3.1.1 动态效用函数的基本形式

在实际消费的经济活动中，大部分消费品其消费效用并不是一次性的，有些消费品可在很多年内继续发挥其效用，一般称这种消费效用不是一次性的消费品为耐用消费品。由于耐用消费品的存在，某时期的效用状况要受到前期这种消费品存量的影响，这就是消费效用的动态性。

消费集合 $I = \{1, 2, \cdots, i, \cdots, n\}$，$V_i \in I$，消费品 i 的消费效用延续期为 τ_i，并设 Q_i^t 表示第 i 种商品消费在第 t 年（期）的人均，那么现期 t 相应的 i 种消费品消费效用为 u_i^t，它应该是现期购买量 Q_i^t、前期购买量 Q_i^{t-1} 直至这种商品延续期前的购买量 $Q_i^{t-\tau_i}$ 的总和效用，这样 t 期消费者的总动态效用函数表述为：

$$U^t = \sum_{i=1}^{n} w_i \left(1 - e^{-\frac{1}{d_i} \sum_{h=o}^{\tau_i} Q_i^{t-h}} \right) \qquad (3.1)$$

这一函数说明，消费者消费 i 种商品的现期效用是向前 τ_i 期内的累积消费量的函数。其中 w_i 为消费 i 种消费品的偏好权重，d_i 为主观价值尺度。

设 c_t 为 t 年的人均消费支出，δ_i^t 为用于第 i 种商品消费的货币支出占人均消费支出的比重，$\delta_i^t \geq 0$ 且 $\sum\limits_{i=1}^{n} \delta_i^t = 1$，$p_i^t$ 表示第 i 种商品的 t 期价格，则上述动态效用函数还可以表示为：

$$U^t = \sum_{i=1}^{n} w_i \left(1 - e^{-\frac{1}{d_i}\sum\limits_{h=o}^{\tau_i}\frac{\delta_i^{t-h}c_{t-h}}{p_i^{t-h}}}\right) \qquad (3.2)$$

当然，耐用消费品的消费效用也会随时间的延续相应降低，可以在消费函数中引入折现因子加以描述，设 ρ_i 表示第 i 种耐用消费品的折旧因子，则总的动态效用函数表示为：

$$U^t = \sum_{i=1}^{n} w_i \left(1 - e^{-\frac{1}{d_i}\sum\limits_{h=o}^{\tau_i}\rho_i\frac{\delta_i^{t-h}c_{t-h}}{p_i^{t-h}}}\right) \qquad (3.3)$$

以上效用函数关于其性质的证明与消费函数构成的详细证明与推导参阅王延章（1988）。

3.1.2　习惯形成动态效用函数

习惯形成的效用函数一般形式为 $u(c_t, h_t)$，即当期效用为当期消费与由以往消费累积的习惯存量的函数，效用随消费的增加、习惯存量的减少而增大。

3.1.2.1　习惯形成动态效用函数的基本假设

假设Ⅰ：消费者偏好满足经济理论中的一般假定，即完备性、传递性，同时也要具有严格单调性与非饱和性。这意味着依据消费代替商品数量衡量的偏好关系也如此，即只要消费者做出了消费选择就会获得效用。偏好完备性告诉我们消费者能够进行比较的概念，具有辨别事物的能力，对于不同的消费计划，总能决定哪一种更好或至少一样好；传递性给出了消费者选择具有一致性条件的形式，以上两种性质说明消费者能够完整地给消费集中有限数目的要素排序，偏好关系使消费者建立一种排序。单调性与非饱和性说明消费者总偏好那些数量多的同种商品，因为较多的数量可以为消费者带来更大的效用。上述性质界定了一个理性消费者其偏好应具有的基本特征。

假设Ⅱ：习惯形成的影响必然存在，即消费者的消费行为一定会受到其过去消费行为的影响，因此效用函数为时间不可分的。而习惯形成下消费者的满足程度降低，相当于减少了有效消费，然而这与假设 I 并不矛盾。利用瑞德和希尔（Ryder and Heal，1973）从心理学上解释习惯形成对效用的影响就是习惯形成使得重复消费过多，因而会令消费者感到厌烦，降低了满足程度，但这并不违背消费者在偏好完备性下会作出正确消费选择的假定。

假设 Ⅲ：效用函数 u 二次连续可微，$u(c, h)$ 的所有二阶偏导数都在点 (c_0, h_0) 附近连续。要建立约束条件下具有局部极大值的效用函数，就要满足函数的所有二阶偏导数在其一阶条件驻点 (c_0, h_0) 附近是连续的。

3.1.2.2　习惯形成动态效用函数与检验

由消费经济活动的定性研究可知，消费效用函数 f 应满足如下关系式：

（1）f：$x_i \rightarrow u_i$

（2）f：$\rightarrow \begin{cases} 1, & 当 x_i = \infty \\ 0, & 当 x_i = 0 \end{cases}$

（3）$\partial f/\partial x_i > 0$，$\partial^2 f/\partial x_i^2 < 0$

其中，x_i 为消费实物量，分别为 x_1，x_2，$\cdots$，x_n；u_i 表述了消费第 i 中消费品的满意度，$u_i \in [0, 1]$，当 u_i 为 1 时表示极度满意，为 0 时则为一点都不满意。一般而言，人们维持基本生活必须消费，故效用不可能为 0，而人们的消费欲望又是无穷无尽的，故效用取 1 也较困难，因此效用的值域在 0~1 之间（王延章，1987）。从理论上说，满足这三条性质的函数都可以用来描述消费效用。

建立以下形式的效用函数：

$$u_t(c_t, h_t) = 1 - e^{-(\ln c_t - \alpha \ln h_t)} \tag{3.4}$$

其中，u_t 为消费者 t 期效用，c_t、h_t 分别为 t 期消费和习惯存量，习惯存量用以往消费的加权平均值衡量。有效消费 $\hat{c}$ 的对数值 $\ln \hat{c} = \ln c - \alpha \ln h$，$\alpha$ 为习惯形成强度参数，α 越大，$\ln \hat{c}$ 越小，效用水平越低，习惯形成下的效用损失越多。若 $\alpha = 1$，效用水平取决于二者的偏离（$\ln c - \ln h$）；若 $\alpha = 0$，不存在习惯形成，没有习惯形成下效用损失。

对式（3.4）效用函数进行基本检验：

第一，由于消费以对数形式出现，应满足 $\ln c > 0$，当 $c \rightarrow 1^+$ 时，$\ln c \rightarrow 0$，

此时以滞后期消费描述的习惯存量 $\ln h \to 0$，由此 $u \to 0$。

第二，当 $c \to \infty$ 时，$(\ln c - \alpha \ln h) \to \infty$，$u \to 1$。

第三，若偏好关系严格单调，则 u 是单调递增的。

由于假设消费者偏好满足基本性质，即完备性、传递性以及非饱和性，因此偏好关系式严格单调。u 关于 c 的一阶偏导函数为：

$$u'_c = \frac{1}{c}e^{-(\ln c - \alpha \ln h)}$$

$u'_c > 0$，满足效用对消费的严格递增。

第四，当偏好关系为凸时，$u(c)$ 是拟凹的。

假定效用函数其他变量不发生变化，并设消费束 c^1 与 c^2，且 $c^1 < c^2$，令 $c^t = tc^2 + (1-t)c^1$，$t \in [0, 1]$，由偏好关系的凸性可知 $tc^2 + (1-t)c^1 \geq c^1$。

由于 $u(c)$ 是严格递增的，因此 $u(c^t) \geq \min[u(c^1), u(c^2)]$，函数 $u(c)$ 是拟凹的。事实上，若一个函数 $f(x)$ 是递增函数时，它将是拟凹的。

效用 u 关于 c 的二阶偏导函数 $u''_c < 0$：

$$u''_c = -\frac{2}{c^2}e^{-(\ln c - \alpha \ln h)}$$

第五，效用与消费习惯形成的关系应满足习惯形成越强效用水平越低。

u 关于 h 的一阶偏导函数为：

$$u'_h = -\frac{r}{h}e^{-(\ln c - \alpha \ln h)}$$

$u'_h < 0$，满足效用与习惯存量的负向变化关系。

3.2　习惯形成计量经济模型

回顾式（1.6）：$(1+r)\,\beta\,\dfrac{MU_{i,t+1}}{MU_{i,t}} = 1 + \varepsilon_{i,t}$，利用已建立的动态效用函数式（3.4）求解个体相邻两期边际效用，$MU_{i,t+1}$ 与 $MU_{i,t}$。依据式（2.2）选取滞后两期消费表示习惯存量：

$$\ln h_t = \theta \ln c_{t-1} + (1-\theta)\ln c_{t-2} \tag{3.5}$$

其中，θ 为习惯存量比例系数。将偏好的变化 ψ 引入已建立的习惯形成动态

效用函数:

$$u(c_t, \ h_t, \ \psi_t) = \psi_t(1 - e^{-(\ln c_t - \alpha \ln h_t)}) \tag{3.6}$$

利用收入 y^σ 代表变量 ψ,$\sigma > 0$,式(1.6)变为:

$$(1 + r) \ \beta \ \frac{y_{i,t}^\sigma}{y_{i,t-1}^\sigma}\left(\frac{MU_{i,t}}{MU_{i,t-1}}\right) = 1 + \varepsilon_{i,t} \tag{3.7}$$

受教育程度、性别、年龄等也可以作为反映个体对收入偏好程度的变量。这里利用对收入的偏好替代变量 ψ,经济理论说明收入与消费间存在必然的因果关系,个体对收入的偏好可以反映其对消费的偏好。

将式(3.6)两边取自然对数,并将式(3.5)代入,推导习惯形成计量模型。

$$\ln(1 + r)\beta + \sigma(\ln y_{i,t} - \ln y_{i,t-1}) + 2(\ln c_{i,t-1} - \ln c_{i,t}) + \alpha(\ln h_{i,t} - \ln h_{i,t-1})$$
$$= \ln(1 + \varepsilon_{i,t})$$

$$\ln(1 + r)\beta + \sigma(\ln y_{i,t} - \ln y_{i,t-1}) + 2(\ln c_{i,t-1} - \ln c_{i,t}) + \alpha(\ln c_{i,t-1} - \ln c_{i,t-2})$$
$$+ \alpha(1 - \theta)(\ln c_{i,t-2} - \ln c_{i,t-3}) = \ln(1 + \varepsilon_{i,t})$$

整理得:

$$\Delta \ln c_{i,t} = \lambda_0 + \lambda_1 \Delta \ln c_{i,t-1} + \lambda_2 \Delta \ln c_{i,t-2} + \lambda_3 \Delta \ln y_{i,t} + e_{i,t} \tag{3.8}$$

其中,$\lambda_1 = 0.5\alpha$,$\lambda_2 = \lambda_1(1 - \theta)$,$\lambda_3 = 0.5\sigma$,$e_{i,t} = -\Delta \ln(1 + \varepsilon_{i,t})/2$。$\alpha$ 代表习惯形成效应,本书第 1.1.2 节对于参数 α 已作了说明。一般的,若 α 具有显著性:一是 $\alpha > 0$ 且越大,习惯形成越强,因为习惯形成更多的降低了有效消费,进而令个体效用减少的损失越多;二是若 $\alpha < 0$,则以往消费延缓了当期消费,消费具有耐久性。若 α 不具显著性,则消费为习惯形成与耐久的整合效应。

通过习惯形成计量经济模型可以估算参数 α 与 θ。α 反映习惯形成在效用中的重要程度,θ 为习惯存量累积系数,用来描述习惯积累的速度。本书第 2.2 节扩展了这两参数的经济含义,其中 α 可以用来比较不同群体习惯依据偏好变动调整的灵活性,θ 可以反映习惯形成的久远性,且 θ 的逐期变动还能用于考察偏好变动的状况。

【小结】本章给定了研究所依据的假设条件,基于动态效用函数形式构建了习惯形成效用模型的数理经济形式,并利用数学工具将其转换为可以用于后续实证检验的动态面板计量经济模型。

第4章

中国城乡居民消费一般分析

改革开放以来，中国经历了计划经济到市场经济的重要转变，同时，伴随着经济全球化的不断深入以及中国加入世贸组织对国内经济的影响，中国居民消费也发生着明显的变化。中国城镇居民家庭人均消费现金支出与人均可支配收入比 1995 年为 82%，2012 年降为 67%，而到 2014 年则降至 58%。中国农村居民家庭平均每人消费现金支出与农村居民家庭人均纯收入比 1995 年为 54.47%，2012 年为 64.89%，2014 年为 64%。这一时期，中国城镇居民平均消费增长率为 9.58%，平均收入增长率为 10.86%，农村居民这两项指标分别为 11.64% 和 10.09%。上述数据显示，城镇居民与农村居民消费变动存在明显不同，消费受收入与习惯形成的影响也会存在显著差异，比较城乡居民消费的收入效应与习惯形成效应，探究两种效应的产生原因，有利于对城乡居民消费进行有针对性的政策引导，同时实证分析结果也将为后续居民消费理性检验提供数据准备与经验支持。本章主要依据经济理论中收入、习惯形成与消费的因果关系建立动态计量经济模型，对 1995~2014 年社会主义市场经济时期中国城乡居民消费进行回归分析，一方面，通过估计变量参数考察这一时期城乡居民习惯形成的久远性，消费的收入效应与习惯形成效应，另一方面，依据参数估计结果获得省级城乡居民各期实际有效消费值，它将与第 5 章效用最大化时的均衡消费值进行线性拟合，检验二者的一致性，以此比较这一时期城乡居民的消费理性。

这一部分主要研究内容包括：确定城乡居民消费习惯存量比例系数，这一系数反映城乡居民习惯存量累积速度与城乡居民习惯形成的时间长度；基于经济变量的因果关系，建立消费关于收入与习惯形成的线性计量经济模型，探讨城乡居民实际消费的收入效应与习惯形成效应，获得城乡居民各期实际有效消费值，并对两种效应进行比较分析。

4.1 城镇居民消费分析

4.1.1 估计方法的简要说明

与以往仅使用滞后一期消费 $C_{i,t-1}$ 研究不同，本书将选择更多消费滞后项代表内部习惯形成，由于模型解释变量包含被解释变量的滞后项，属于动态面板数据模型（DPD），会存在滞后内生变量与个体效应相关的影响，进而估计量是有偏的，即使组内估计量也是非一致的。而且，模型中主要变量也会必不可少的存在测量误差，为较好的解决上述问题，将在分析中使用广义矩估计法（GMM）。广义矩估计量是一个稳健的估计量，它不需要知晓随机误差项的准确分布信息，并允许随机扰动项存在异方差性和序列相关性，使用此方法获得的参数估计量更贴近实际。广义矩估计包含差分广义矩估计（Dif - GMM）和系统广义矩估计（Sys - GMM）。

差分广义矩估计是阿雷利亚诺和邦德（Arellano and Bond，1991）在安德森和萧（Anderson and Hsiao，1981）基础上提出的，工具变量个数要多于内生变量个数，并使用所有可能的滞后变量作为工具变量。差分广义矩估计使用的前提是扰动项不存在自相关，即不同期随机误差项的协方差为 0。差分广义矩估计也会带来一些问题，例如，当时期 T 数很大时，则会有较多的工具变量，容易出现弱工具变量问题。为稳健起见，可以使用两种或两种以上不同的工具变量个数，并比较结果，若结果偏差很明显，则应选择工具变量较少的模型。另外，若被解释变量的持续性很强，即一阶自回归系数接近于 1，可能不适用差分广义矩估计。

系统广义矩估计是由布伦戴尔和邦德（Blundell and Bond，1998）将差分 GMM 与水平 GMM 结合起来，将差分方程和水平方程看成一个系统进行广义矩估计。系统广义矩估计通常使用一阶差分滞后项作为水平方程中因变量滞后项的工具变量，使用（$t-2$）期之前的因变量的滞后项作为因变量一阶差分滞后项的工具变量。较差分广义矩估计，系统广义矩估计偏差更小，具有更高的估计效率，并且可以估计不随时间变化的变量的系数，但必须额外假定滞后差分被解释变量 $\{\Delta y_{i,t-1},\ \Delta y_{i,t-2},\ \cdots\}$ 与随机误差项无关。

差分广义矩估计和系统广义矩估计方法适用短动态面板，因为它们的大样本性质建立于在给定时间维度 T 的情况下，让横截面维度 n 趋于无穷。若对于长动态面板，则可考虑偏差校正最小二乘虚拟变量 LSDV 估计方法（陈强，2013）。本书为短动态面板数据模型。

4.1.2　城镇居民习惯存量比例系数

此部分选择的经济变量为收入与消费，其中，收入使用省级城镇居民人均可支配收入 Y_t（单位：元）、消费选用省级城镇居民家庭人均现金消费支出 C_t（单位：元），并利用省级城镇居民消费物价指数（1995 年 = 100）对各时间序列数据进行调整。

通过自回归 $AR(p)$ 模型可以得到当期消费由滞后几期消费表示，使用 Eviews 6.0 软件发现，各省份城镇居民消费基本满足 $AR(2)$ 或 $AR(3)$ 过程，出于简便原则与避免损失过多样本，就不同省份统一选取 $p=2$，并将其作为以滞后期消费表示的习惯存量式中的 p（见式（2.2）），建立消费关于收入以及其滞后项的省级面板数据模型式（4.1），并利用式（2.2）习惯存量的时间演化形式与模型中参数 a_2，a_3 估算习惯存量比例系数 θ。

$$C_{i,t} = a + a_1 Y_{i,t} + a_2 C_{i,t-1} + a_3 C_{i,t-2} + u_i + \varepsilon_{i,t} \tag{4.1}$$

其中，（$u_i + \varepsilon_{i,t}$）为复合扰动项，u_i 为不可观测随机变量，是代表个体异质性的截距项，较早的文献也将其视为常数。$\varepsilon_{i,t}$ 为随个体与时间改变的扰动项，并且假定 $\{\varepsilon_{i,t}\}$ 独立同分布，式（4.1）为包含被解释变量滞后项的动态面板计量模型（DPD）。a_1、a_2、a_3 为模型参数，a_1 反映收入影响，在此模型为边际消费倾向，a_2、a_3 两个参数可以用来得出习惯存量比例系数 θ 的大小，其中 $a_3 = (1-\theta)a_2$。

4.1.2.1 数据的平稳性和协整性检验

1995~2002 年中国城镇居民平均消费倾处于上下波动阶段，而后呈明显的下滑趋势，因此引入时间虚拟变量 D_t，并采用崔海燕（2012）做法，令 1995~2002 年 $D_t = 1$，2003~2014 年 $D_t = 0$。

关于面板单位根检验有 LLC、Breitung 等五种方法，我们采用相同根单位根过程的 LLC 和不同根单位根检验过程的 ADF – Fisher 两种检验方法，式（4.1）中各变量原序列均不平稳，但经一阶差分后，各变量均为平稳序列，表 4 – 1 报告了各变量序列数据的平稳情况。

表 4 – 1　　　式（4.1）变量一阶差分序列省级面板数据的平稳性检验

变量	LLC	P 值	ADF – Fisher Chi^2	P 值	检验类型（c, t, n）	结论
ΔC_t	– 16.108	0.0000	280.303	0.0000	（c, t, 0）	平稳
ΔC_{t-1}	– 6.756	0.0000	215.598	0.0000	（c, t, 0）	平稳
ΔC_{t-2}	– 15.607	0.031	230.999	0.0000	（c, t, 0）	平稳
ΔY_t	– 9.397	0.0000	193.092	0.0000	（c, t, 0）	平稳

注：c、t、n 分别代表检验中是否带有常数项、时间趋势与滞后期数。

引入时间变量，将式（4.1）写成式（4.2）：

$$\Delta C_{i,t} = b_1 \Delta Y_{i,t} + b_2 \Delta C_{i,t-1} + b_3 \Delta D_t + u_i + \varepsilon_{i,t} \qquad (4.2)$$

利用 Fisher(CombinedJohansen) 协整检验确定变量间存在协整关系，协整检验结果见表 4 – 2。

表 4 – 2　　　　　　式（4.2）变量的协整性检验

Hypothesized No. of CE（s）	Fisher Stat.[*] (from trace test)	Prob.	Fisher Stat.[*] (from max-eigen test)	Prob.
None	821.9	0.0000	653.0	0.0000
At most 1	362.6	0.0000	293.4	0.0000
At most 2	143.6	0.0000	117.9	0.0000

4.1.2.2 参数估计结果

选用系统广义矩估计（Sys - GMM）估计参数，最多使用被解释变量的三个值作工具变量，并利用萨甘差分（Sargan）统计量验证工具变量是否有效，如果不能拒绝原假设，则新增工具变量是有效的，表明系统估计方法有效。除此之外，对随机扰动项的序列相关性还需要进行 AR(1) 和 AR(2) 检验，在原假设随机误差项不存在序列相关成立的条件下，若不存在二阶序列相关则可以判断原假设成立，表4-3报告了各项估计结果。

表4-3 式（4.2）系统广义矩估计结果

斜率参数	参数值	t 检验的概率值
b_1	0.603	0.000
b_2	-0.118	0.062
b_3	0.498	0.047
联合显著 Wald 检验 P 值		0.0000
Sargan 检验 P 值		1.0000
AR(1) 检验 P 值		0.0017
AR(2) 检验 P 值		0.4039

从表4-3全部解释变量的联合显著性沃尔德（Wald）检验概率 P 值（0.000）可知，模型总体上具有显著性，并且 Sargan 检验的 P 值（1.000）显示工具变量在整体上是有效的，残差的一阶、二阶序列相关性 AR(1) 和 AR(2) 检验的 P 值（分别为 0.0017 和 0.4039）表明，仅存在一阶序列相关，不存在二阶序列相关，故可以判断原模型的随机扰动项无序列相关性，满足使用系统广义矩估计方法的前提。同时表4-3还显示式（4.2）各斜率参数均显著，说明城镇居民当期消费不仅与当期收入有关，而且还与滞后一期消费与滞后二期消费相关。收入的增加量每增加 1 个单位，就会使得本期消费增加量上升 0.603 个单位，收入效应明显。从式（4.2）可得，滞后一期消费 C_{t-1} 系数应为 $(1 + b_2) = 0.882$，滞后二期消费 C_{t-2} 系数为 $(-b_2) = 0.118$，因

此 20 年间中国城镇居民消费习惯存量比例系数为 0.866[①]，小于简化形式的习惯存量比例系数 1，说明相比简化形式，城镇居民习惯存量更大，习惯形成更持久。同时，表 4 - 3 中数据显示时间虚拟变量参数 b_3 具有显著性，明显不为 0，存在时间影响因素。将这 20 年分为两个阶段，1995 ~ 2002 年以及 2003 ~ 2014 年。分别利用 1995 ~ 2002 年与 2003 ~ 2014 年数据，考察收入以及习惯形成的影响，与使用 1995 ~ 2014 年数据不同的是模型中不再引入时间虚拟变量。由于对 1995 ~ 2002 年数据使用式（4.2）滞后一期消费参数 b_2 不具显著性，因此这一时期使用式（4.1）进行分析，2003 ~ 2014 年仍利用式（4.2），表 4 - 4 报告了相应的估计结果，结果显示，模型在整体上是有效的。

表 4 - 4　　　　　　城镇居民两时期消费习惯存量比例系数系统广义矩估计结果

1995 ~ 2002 年			2003 ~ 2014 年		
斜率参数	参数值	t 检验的概率值	斜率参数	参数值	t 检验的概率值
a_1	0.589	0.000	b_1	0.606	0.000
a_2	0.189	0.055	b_2	− 0.117	0.001
a_3	0.056	0.532			
联合显著 Wald 检验 P 值	0.0000		0.0000		
Sargan 检验 P 值	0.2180		0.8911		
AR（1）检验 P 值	0.0121		0.0016		
AR（2）检验 P 值	0.8225		0.7395		

　　将上述三个时期城镇居民收入效应与习惯存量比例系数汇总于表 4 - 5。三个时期城镇居民消费的收入影响变化幅度较小。习惯存量比例系数大小代表当期消费给予过去消费的权重，θ 越小，消费受滞后消费影响越多，习惯形成越久远，习惯存量越大。从上述三个时期城镇居民习惯存量比例系数的大小可知，1995 ~ 2002 年城镇居民习惯形成最为久远，而其他两个时期相对持平。1995 ~ 2014 年这 20 年的前 8 年中，由于不确定性开始逐步显现，人们面对突如其来的不确定性显得不知所措，应对能力较弱，谨慎消费是规避不

----

① 结合式（4.1）与式（4.2）有：$1 + b_2 = a_2$，$- b_2 = a_3$，而 $a_3 = a_2(1 - \theta)$。

确定性风险不得已而为之的选择。这一时期的后 12 年间，中国经济市场化程度逐步加深，各项改革日趋完善，不确定性数量与风险虽未明显下降，但居民的抵御能力也随知识的增长与经验的增加而不断增强，加之经济增长带动居民收入的不断增多，居民消费虽然仍具有习惯效应，但习惯形成却不如之前久远，习惯形成有减弱的趋势。

表 4－5　　　　　　　城镇居民边际消费倾向与习惯存量比例系数

收入与习惯形成影响	1995～2014 年	1995～2002 年	2003～2014 年
收入变化影响	0.603	0.589	0.606
习惯存量比例系数 θ	0.866	0.704	0.867

4.1.3　城镇居民消费的收入效应与习惯形成效应

通过上述估计出来的 θ 值，可以得到各省份城镇居民各时期习惯存量，建立消费关于收入和习惯形成的计量经济模型（4.3），取各变量的自然对数形式以缩小误差，并估计相关参数，其中 $\ln H_t = \ln C_{t-1} + (1-\theta)\ln C_{t-2}$：

$$\ln C_{i,t} = \alpha_0 + \alpha_{1i}\ln Y_{i,t} + \alpha_{2i}\ln H_{i,t} + \xi_{i,t} \tag{4.3}$$

表 4－6 列出式（4.3）中三个对应变量的单位根检验结果。

表 4－6　　　　　　　式（4.3）变量省级面板数据的平稳性检验

变量	LCC	P 值	ADF – Fisher Chi^2	P 值	检验类型（c, t, d）	结论
$\ln C_t$	－4.2303	0.0000	108.832	0.0000	（c, t, 1）	平稳
$\ln Y_t$	－5.1124	0.0000	125.110	0.0000	（c, t, 1）	平稳
$\ln H_t$	－1.8571	0.0317	94.8256	0.0016	（c, t, 1）	平稳

注：c、t、d 分别代表检验中是否带有常数项、时间趋势及差分阶数。

表 4－6 中结果显示，各变量的自然对数序列均为一阶差分平稳，而面板数据协整检验（Johansen Fisher）显示至少存在两个协整关系。经过比较，选用式（4.3）形式对数变量的一阶差分形式，同时，面板模型效应豪斯曼检验（Crosssection random）的概率值为 0.4785，应选用变截距随机效应模型，

表4-7报告了相应的参数估计结果。

表4-7　　　　城镇居民1995~2014年消费收入与习惯形成效应

参数	参数值	t统计量P值
α_1	0.862	0.0000
α_2	-0.058	0.5346

参数 α_1 衡量收入变化对消费的影响程度，具体来看，由于模型选用的是变量的自然对数序列，且一阶差分形式理论上不改变参数水平，因而可以将 α_1 近似的看成城镇居民消费收入弹性。1995~2014年，城镇居民收入增长对消费增长的作用为0.862，即收入每增长1个百分点，消费将增长0.862个百分点。表4-7还显示，参数 $\alpha_2 < 0$，且不具显著性，因而这一时期城镇居民消费不具习惯形成效应，表现出习惯与耐久的混合效应（参见本书第1.1.2节与第3.2节内容）。

利用上述参数估计结果，将各省份城镇居民消费真实值 C_t 与模型拟合消费值 $\hat{C}_t$ 列表，如表4-8所示，由于城镇居民消费不具习惯形成效应，故将模型拟合值作为城镇居民的实际有效消费值。表4-8中各省份各期实际有效消费值将与下一章获得的效用最大化时的均衡值进行线性拟合，用于城镇居民消费的理性检验。

表4-8　　省级城镇居民1998~2014年消费真实值 C_t 与实际有效值 $\hat{C}_t$　　单位：元

年份	北京		天津		河北		山西		内蒙古	
	C_t	$\hat{C}_t$	C_t	$\hat{C}_t$	C_t	$\hat{C}_t$	C_t	$\hat{C}_t$	C_t	$\hat{C}_t$
1998	6970.83	7001.38	5471.01	5519.22	3834.43	4061.81	3267.70	3293.05	3105.74	3291.01
1999	7498.48	7461.30	5851.53	5801.37	4026.30	4010.79	3492.98	3433.53	3468.99	3357.88
2000	8493.49	8325.82	6121.04	6146.92	4348.47	4207.97	3941.87	3769.80	3927.75	3681.76
2001	8922.72	9353.97	6987.22	6641.46	4479.75	4547.90	4123.01	4396.34	4195.62	4175.98
2002	10284.60	9471.85	7192.00	7196.66	5069.30	4906.78	4711.00	4644.20	4859.90	4506.08
2003	11123.80	11208.01	7867.50	7829.15	5439.80	5416.71	5105.40	5178.53	5419.10	5484.24

年份	北京		天津		河北		山西		内蒙古	
	C_t	$\hat{C}_t$	C_t	$\hat{C}_t$	C_t	$\hat{C}_t$	C_t	$\hat{C}_t$	C_t	$\hat{C}_t$
2004	12200.40	12290.56	8802.40	8615.94	5819.20	5911.74	5654.20	5663.98	6219.30	6134.22
2005	13244.20	13516.67	9653.30	9549.66	6699.70	6543.52	6342.60	6257.12	6928.60	6856.98
2006	14825.40	14702.16	10548.10	10706.72	7343.50	7426.66	7170.90	6998.64	7666.60	7693.57
2007	15330.40	16075.81	12028.90	11879.45	8235.00	8202.00	8101.80	8103.95	9281.50	8946.61
2008	16460.30	17060.85	13422.50	13988.11	9086.70	9307.84	8806.60	9072.44	10828.60	10591.20
2009	17893.30	17555.36	14801.40	14529.38	9678.80	9774.63	9355.10	9277.81	12369.90	11668.46
2010	19934.50	19208.61	16561.80	16503.51	10318.30	10545.12	9792.70	10307.38	13994.60	13567.23
2011	21984.40	22250.44	18424.10	18141.57	11609.30	11469.73	11354.30	11177.84	15878.10	15861.36
2012	24045.90	24073.68	20024.20	20022.19	12531.10	12835.52	12211.50	12564.41	17717.10	17723.81
2013	31632.23	28630.38	22306.18	19673.89	14970.03	13422.13	13762.70	13175.83	19243.98	19608.06
2014	33717.45	33743.45	24289.64	23945.07	16203.82	15998.91	14636.88	14696.27	20885.23	20727.92

年份	辽宁		吉林		黑龙江		上海		江苏	
	C_t	$\hat{C}_t$	C_t	$\hat{C}_t$	C_t	$\hat{C}_t$	C_t	$\hat{C}_t$	C_t	$\hat{C}_t$
1998	3890.74	3785.23	3449.74	3403.10	3303.15	3340.24	6866.41	7055.92	4889.43	4683.85
1999	3989.93	4079.21	3661.68	3624.38	3481.74	3504.45	8247.69	8315.51	5010.91	5220.80
2000	4356.06	4302.86	4020.87	3864.89	3824.44	3671.84	8868.19	8720.70	5323.18	5173.16
2001	4654.42	4642.09	4337.22	4387.81	4192.36	4152.86	9336.10	9594.31	5532.74	5693.42
2002	5342.60	5129.30	4973.90	4949.64	4462.10	4613.37	10464.00	9546.70	6042.60	6020.72
2003	6077.90	5801.75	5492.10	5448.73	5015.20	4810.94	11040.30	11498.92	6708.60	6701.94
2004	6543.30	6591.28	6069.00	6048.61	5567.50	5512.43	12631.00	12193.83	7332.30	7463.36
2005	7369.30	7272.06	6794.70	6618.34	6178.00	6054.28	13773.40	13847.18	8621.80	8423.48
2006	7987.50	8199.66	7352.60	7491.03	6655.40	6738.54	14761.80	15016.48	9628.60	9632.12
2007	9429.70	9257.89	8560.30	8330.70	7519.30	7338.03	17255.40	16586.79	10715.20	10967.27
2008	11231.50	10782.39	9729.10	9571.40	8623.00	8371.82	19397.90	19197.98	11977.60	12041.87
2009	12324.60	12058.03	10914.40	10442.83	9629.60	9197.29	20992.40	20664.96	13153.00	12960.16
2010	13280.00	13597.94	11679.00	11836.79	10683.90	10456.84	23200.40	22866.53	14357.50	14460.64

续表

年份	辽宁		吉林		黑龙江		上海		江苏	
	C_t	$\hat{C}_t$	C_t	$\hat{C}_t$	C_t	$\hat{C}_t$	C_t	$\hat{C}_t$	C_t	$\hat{C}_t$
2011	14789.60	15096.75	13010.60	13281.05	12054.20	11931.73	25102.10	26024.06	16781.70	16226.25
2012	16593.60	16511.81	14613.50	14527.12	12983.60	13424.90	26253.50	27508.61	18825.30	18567.90
2013	19318.42	18697.36	15940.69	15304.86	15704.09	14902.45	32447.19	28938.14	22262.34	19830.67
2014	20519.57	20720.16	17156.14	17145.18	16466.63	16736.93	35182.44	34734.22	23476.28	23833.97

年份	浙江		安徽		福建		江西		山东	
	C_t	$\hat{C}_t$	C_t	$\hat{C}_t$	C_t	$\hat{C}_t$	C_t	$\hat{C}_t$	C_t	$\hat{C}_t$
1998	6217.93	6507.72	3777.41	3810.68	5181.45	5140.60	3266.81	3317.50	4143.96	4158.29
1999	6521.54	6608.75	3901.81	3960.19	5266.69	5414.82	3482.33	3567.98	4515.05	4420.91
2000	7020.22	7076.21	4232.98	4047.78	5638.74	5657.56	3623.56	3719.97	5022.00	4955.68
2001	7952.39	7757.79	4517.65	4472.69	6015.11	6182.09	3894.51	3861.63	5252.41	5410.42
2002	8713.10	8699.03	4736.50	4745.46	6631.70	6524.85	4549.30	4382.14	5596.30	5556.95
2003	9712.90	9605.13	5064.30	5234.60	7356.30	7101.83	4914.60	4869.02	6069.40	6074.71
2004	10636.10	10568.52	5711.30	5550.77	8161.20	8097.00	5337.80	5321.04	6673.80	6709.44
2005	12253.70	11713.96	6367.70	6318.61	8794.40	8865.67	6109.40	5971.94	7457.30	7447.47
2006	13348.50	13462.74	7294.70	7181.69	9807.70	9657.13	6645.50	6643.54	8468.40	8286.57
2007	14091.20	14812.12	8531.90	8389.15	11055.10	10899.38	7810.70	7779.31	9666.60	9685.77
2008	15158.30	15434.39	9524.00	9521.89	12501.10	12580.29	8717.40	8650.46	11006.60	10857.81
2009	16683.50	16187.77	10234.00	10166.11	13450.60	13384.72	9740.00	9353.79	12012.70	11823.62
2010	17858.20	18283.83	11512.60	11289.46	14750.00	14742.52	10618.70	10589.65	13118.20	13227.24
2011	20437.50	19973.74	13181.50	13298.77	16661.10	16621.64	11747.60	11836.05	14560.70	14748.42
2012	21545.20	22434.99	15011.70	14627.82	18593.20	18457.51	12775.70	13111.24	15778.20	16175.28
2013	25253.51	22923.80	14593.65	16057.78	20564.70	18651.17	13842.95	14017.57	16646.47	16365.89
2014	27241.74	27091.10	16107.07	15780.24	22204.06	22138.59	15141.78	15020.87	18322.60	17905.80

年份	河南		湖北		湖南		广东		广西	
	C_t	$\hat{C}_t$	C_t	$\hat{C}_t$	C_t	$\hat{C}_t$	C_t	$\hat{C}_t$	C_t	$\hat{C}_t$
1998	3415.65	3443.77	4074.38	3951.02	4370.95	4475.10	7054.09	7029.80	4381.09	4656.20
1999	3497.53	3609.25	4340.55	4322.61	4799.51	4628.90	7517.81	7223.08	4587.22	4504.81

续表

年份	河南		湖北		湖南		广东		广西	
	C_t	$\hat{C}_t$	C_t	$\hat{C}_t$	C_t	$\hat{C}_t$	C_t	$\hat{C}_t$	C_t	$\hat{C}_t$
2000	3832.71	3638.63	4644.50	4541.85	5218.79	5072.71	8016.91	7968.33	4852.31	4721.51
2001	4110.17	4161.96	4804.79	4871.58	5546.22	5593.83	8099.63	8448.40	5224.73	5438.52
2002	4504.70	4741.60	5608.90	5436.94	5574.70	5648.11	8988.50	8555.21	5413.40	5635.81
2003	4941.60	4914.35	5963.30	5965.77	6082.60	6066.37	9636.30	9805.08	5763.50	5705.17
2004	5294.20	5435.54	6398.50	6472.34	6884.60	6738.53	10694.80	10465.06	6445.70	6353.34
2005	6038.00	5870.05	6736.60	6932.63	7505.00	7493.10	11809.90	11447.51	7032.80	6830.84
2006	6685.20	6694.59	7397.30	7406.57	8169.30	8156.09	12432.20	12647.38	6792.00	7426.54
2007	7826.70	7672.57	8701.20	8499.89	8990.70	9377.40	14336.90	13597.60	8151.30	8208.32
2008	8837.50	8873.68	9477.50	9792.20	9945.50	9980.18	15528.00	15784.85	9627.40	9297.54
2009	9567.00	9437.59	10294.10	10193.57	10828.20	10688.57	16857.50	16683.52	10352.40	10311.70
2010	10838.50	10452.58	11451.00	11324.22	11825.30	11736.73	18489.50	18396.41	11490.10	11266.15
2011	12336.50	12180.94	13163.80	12900.46	13402.90	13269.75	20251.80	20542.46	12848.40	12563.06
2012	13733.00	13632.56	14496.00	14665.41	14609.00	14902.96	22396.40	22427.42	14244.00	14256.28
2013	15248.82	14479.91	15334.47	15585.97	16867.25	16387.92	21621.46	21947.01	14470.08	15064.03
2014	16184.46	16391.67	16681.41	16616.46	18334.66	18133.40	23611.74	23381.81	15045.40	15595.05

年份	海南		四川		贵州		云南		陕西	
	C_t	$\hat{C}_t$	C_t	$\hat{C}_t$	C_t	$\hat{C}_t$	C_t	$\hat{C}_t$	C_t	$\hat{C}_t$
1998	3832.44	3898.59	4382.59	4353.52	3799.38	3649.95	5032.67	4872.57	3538.52	3608.44
1999	4017.75	4156.30	4499.19	4611.66	3964.35	4045.25	4941.26	5100.29	3953.25	3826.42
2000	4082.56	4032.09	4855.78	4778.07	4278.28	4076.11	5185.31	5022.24	4276.67	4267.59
2001	4367.85	4387.70	5176.17	5175.94	4273.90	4510.94	5252.60	5481.59	4637.74	4509.27
2002	5459.60	4969.38	5413.10	5332.89	4598.30	4599.03	5827.90	5527.98	5378.00	5206.82
2003	5502.40	5691.26	5759.20	5721.12	4949.00	4996.69	6023.60	6086.31	5666.50	5676.65
2004	5802.40	5820.31	6371.10	6253.78	5494.50	5434.86	6837.00	6894.59	6233.10	6160.37
2005	5928.80	6054.90	6891.30	6848.30	6159.30	6002.75	6996.90	7094.12	6656.50	6772.02
2006	7126.80	6723.08	7524.80	7570.08	6848.40	6758.66	7379.80	7533.11	7553.30	7345.59
2007	8292.90	8141.06	8692.00	8762.78	7758.70	7868.39	7921.80	8325.56	8427.10	8611.80

续表

年份	海南		四川		贵州		云南		陕西	
	C_t	$\hat{C}_t$	C_t	$\hat{C}_t$	C_t	$\hat{C}_t$	C_t	$\hat{C}_t$	C_t	$\hat{C}_t$
2008	9408.50	9336.99	9679.10	9739.21	8349.20	8471.86	9076.60	9011.44	9772.10	9872.34
2009	10086.70	10092.78	10860.20	10445.47	9048.30	8992.21	10201.80	9736.84	10705.70	10542.46
2010	10926.70	11250.10	12105.10	11940.26	10058.30	9819.54	11074.10	11191.90	11821.90	11716.35
2011	12642.80	12638.43	13696.30	13767.82	11352.90	11524.27	12248.00	12601.41	13782.80	13517.76
2012	14456.60	14134.78	15049.50	15274.46	12585.70	12651.03	13883.90	13677.87	15332.80	15369.23
2013	15833.50	15324.21	16098.17	16277.02	13768.22	13669.26	14862.33	14670.84	16398.59	16340.46
2014	17513.78	17083.69	17759.93	17346.99	15254.64	14909.88	16268.33	15929.76	17545.96	17669.90

年份	甘肃		青海		宁夏		新疆	
	C_t	$\hat{C}_t$	C_t	$\hat{C}_t$	C_t	$\hat{C}_t$	C_t	$\hat{C}_t$
1998	3099.36	3234.08	3580.47	3475.63	3379.82	3471.69	3714.10	3978.40
1999	3681.50	3383.82	3903.76	3898.98	3547.99	3625.01	4163.98	3911.80
2000	4126.47	3948.93	4185.73	4213.86	4200.50	3834.83	4422.93	4364.63
2001	4420.31	4447.58	4698.59	4666.34	4595.40	4631.63	4931.40	4938.96
2002	5064.20	4939.94	5042.50	4909.74	5104.90	4939.93	5636.40	5232.48
2003	5298.90	5390.95	5400.20	5440.81	5330.30	5420.04	5540.60	5791.36
2004	5937.30	5777.31	5759.00	5785.99	5821.40	5822.34	5773.60	5767.60
2005	6529.20	6397.48	6245.30	6226.09	6404.30	6423.12	6207.50	6088.97
2006	6974.20	7084.21	6530.10	6858.41	7205.60	7124.70	6730.00	6776.44
2007	7875.80	7735.63	7512.40	7367.85	7817.30	8344.96	7874.30	7674.10
2008	8308.60	8578.70	8192.60	8421.14	9558.30	9155.23	8669.40	8632.97
2009	8890.80	8941.38	8786.50	8860.37	10280.00	10187.55	9327.60	9179.86
2010	9895.40	9727.90	9613.80	9524.80	11334.40	11118.51	10197.10	10231.44
2011	11188.60	11105.37	10955.50	10712.39	12896.00	12790.67	11839.40	11431.47
2012	12847.10	12570.20	12346.30	12142.08	14067.20	14297.97	13891.70	13395.35
2013	14411.35	14562.05	16223.36	14033.44	15806.87	15078.94	16858.08	15964.21
2014	15942.25	15588.01	17492.89	17436.10	17216.23	16922.86	17684.52	18227.24

4.2 农村居民消费分析

与城镇居民消费研究思路相同，首先，确定农村居民 1995～2014 年消费习惯存量比例系数，以此计算各期农村居民消费习惯存量水平，进而考察农村居民消费的收入效应与习惯形成效应，并获得各期实际有效消费值。

4.2.1 农村居民消费习惯存量比例系数

出于简便原则与避免样本的过多损失，取习惯存量中的滞后两期消费，通过式（4.2）运用系统广义矩估计方法（Sys－GMM）确定农村居民习惯存量比例系数。

4.2.1.1 变量的选取与数据的平稳性与协整性检验

消费选取省级农村居民家庭每人消费支出 C_t（单位：元），收入变量选取农村居民家庭人均纯收入 Y_t（单位：元），并对上述变量序列数据利用价格指数予以调整，价格水平选用省级农村居民消费价格指数（1995 年 ＝100），数据年限为 1995～2014 年。由于 C_t，Y_t 原序列不具备同阶单整，故先对各变量取自然对数，同样采用相同单位根过程的 LLC 与不同单位根 ADF－Fisher 检验，表 4－9 报告了各变量序列的平稳性情况。

表 4－9 农村居民消费、收入对数变量省级面板数据的平稳性检验

变量	LCC	P 值	ADF－Fisher Chi^2	P 值	检验类型（c, t, d）	结论
$\ln C_t$	－12.873	0.0000	258.226	0.0000	（c, t, 1）	平稳
$\ln C_{t-1}$	－17.842	0.0000	258.289	0.0000	（c, t, 1）	平稳
$\ln C_{t-2}$	－36.606	0.0000	244.822	0.0000	（c, t, 1）	平稳
$\ln Y_t$	－8.0367	0.0000	187.518	0.0000	（c, t, 1）	平稳

注：c、t、d 分别代表检验中是否带有常数项、时间趋势及差分阶数。

表 4 - 9 显示，各自然对数变量经一阶差分后变为平稳序列，而后利用 JohansenFisher 协整检验发现变量间至少存在一种协整关系。

4.2.1.2 参数估计结果

由于模型包含被解释变量的滞后项，为动态面板数据模型，仍使用系统广义矩估计方法估计参数，最多使用被解释变量的 3 个值作为工具变量，表 4 - 10 报告了相应的估计结果。表中 AR（1），AR（2）检验概率值表明原模型随机扰动项不存在序列相关性，Sargan 检验与联合显著性 Wald 检验的 P 值显示工具变量在整体上是有效的且模型总体上具有显著性。1995～2014 年农村居民边际消费倾向为 0.79，明显高于城镇居民，由消费的一阶差分滞后一期系数可以估算这一时期农村居民习惯存量比例系数 θ 为 0.809。

表 4 - 10　农村居民 1995～2014 年消费习惯存量比例系数系统广义矩估计结果

斜率参数	参数值	t 检验的概率值
b_1	0.790	0.000
b_2	− 0.160	0.008
b_3	− 0.018	0.064
联合显著 Wald 检验 P 值		0.0000
Sargan 检验 P 值		0.9993
AR（1）检验 P 值		0.0006
AR（2）检验 P 值		0.3725

表 4 - 10 显示时间虚拟变量系数具有显著性，参数明显不为 0，包含时间因素的影响。故将这一时期分成两个阶段加以考察，鉴于模型适应性考虑，1995～2002 年数据使用式（4.1），2003～2014 年数据使用式（4.2）。

表 4 - 11　农村居民两时期消费习惯存量比例系数系统广义矩估计结果

1995～2002 年			2003～2014 年		
斜率参数	参数值	t 检验的概率值	斜率参数	参数值	t 检验的概率值
a_1	0.613	0.102	b_1	0.911	0.000

续表

	1995～2002 年			2003～2014 年	
斜率参数	参数值	t 检验的概率值	斜率参数	参数值	t 检验的概率值
a_2	0.561	0.089	b_2	-0.212	0.008
a_3	0.063	0.666			
联合显著 Wald 检验 P 值	0.0000			0.0000	
Sargan 检验 P 值	0.0883			0.8189	
AR(1) 检验 P 值	0.1519			0.0050	
AR(2) 检验 P 值	0.6310			0.2230	

表 4 - 11 估计结果显示，模型在整体上是有效的，将这三个时期农村居民边际消费倾向与习惯存量比例系数汇总表 4 - 12。三个时期农村居民边际消费倾向 1995～2002 年最小，2003～2014 年最大。习惯存量比例系数 θ 按上述时期顺序依次减小，说明农村居民习惯形成越发久远，习惯存量在之后年份较之前年份更大，这一系数变化显示不确定性的增加使得农村居民减缓消费的调整，可以看出农村居民应对不确定性能力较弱。

表 4 - 12　　　　　　农村居民边际消费倾向与习惯存量比例系数

收入与习惯形成影响	1995～2014 年	1995～2002 年	2003～2014 年
边际消费倾向	0.790	0.613	0.991
习惯存量比例系数 θ	0.809	0.887	0.731

4.2.2　农村居民消费的收入效应与习惯形成效应

1995～2014 年，省级农村居民消费习惯存量比例系数 $\theta = 0.809$，结合省级农村居民消费自然对数的时间序列数据 $\ln C_t$ 可以计算各年的习惯存量 $\ln H_t$。经检验习惯存量序列 $\ln H_t$ 满足一阶差分平稳，与消费、收入变量的自然对数序列同阶单整，并且 Johansen 协整检验显示至少存在两个协整关系。利用方程（4.3）的一阶差分形式分析农村居民消费的收入效应与习惯效应，模型三种形式的残差平方和分别为 $S_1 = 1.383$，$S_2 = 1.632$，$S_3 = 1.676$，F_2 统计量为 1.10，小于临界值，故模型选用不变参数模型，表 4 - 13 报告了参数估计结果。

表 4 - 13　　　　　　　　农村居民消费的收入效应与习惯形成效应

参数	参数值	t 统计量 P 值
α_1	0.916	0.0000
α_2	0.106	0.0563

各项参数均具显著性。通过参数 α_1 可知 20 年间农村居民消费收入弹性为 0.916；$\alpha_2 > 0$，且在 10% 的显著性水平下明显不为 0，说明这一时期农村居民消费具有习惯形成效应，习惯形成强度为 0.106。

与城镇居民消费不具有明显的习惯形成效应不同，农村居民消费存在显著的习惯形成效应。依据有效消费与真实消费及习惯形成的一般关系，可以估算各省份农村居民各时期实际有效消费值。$\widetilde{C}_t$ 为模型拟合值，代表模型计算出来的居民的真实消费，$\hat{C}_t$ 为对效用具有累积作用的有效消费值，包含了习惯形成对真实消费的降低作用，$\hat{C}_t = (\widetilde{C}_t - \alpha_2 H_t)$，表 4 - 14 列出了各省农村居民三种消费值。

表 4 - 14　　　　　　　省际农村居民 1998 ~ 2014 年消费真实值 C_t、
模型拟合值 $\widetilde{C}_t$ 与实际有效值 $\hat{C}_t$

年份	北京			天津			河北		
	C_t	$\widetilde{C}_t$	$\hat{C}_t$	C_t	$\widetilde{C}_t$	$\hat{C}_t$	C_t	$\widetilde{C}_t$	$\hat{C}_t$
1998	2873.20	2892.04		1976.70	1955.17		1298.54	1458.51	
1999	3122.13	3067.51		1905.18	1990.01		1338.37	1307.05	
2000	3425.71	3411.52	3098.04	1995.61	2009.62	1804.94	1365.23	1361.29	1223.97
2001	3552.07	3744.53	3398.36	2050.89	2169.67	1962.72	1429.81	1433.58	1294.07
2002	3731.70	3792.48	3411.78	2163.60	2211.98	1990.85	1476.40	1475.97	1329.31
2003	4147.30	3883.60	3493.23	2319.50	2310.20	2082.75	1600.10	1569.52	1417.99
2004	4616.90	4580.79	4181.74	2642.10	2549.93	2313.28	1834.90	1779.84	1619.51
2005	5315.70	5478.44	5017.51	3036.00	2944.64	2685.61	2165.70	2020.02	1839.93

年份	北京			天津			河北		
	C_t	$\widetilde{C}_t$	$\hat{C}_t$	C_t	$\widetilde{C}_t$	$\hat{C}_t$	C_t	$\widetilde{C}_t$	$\hat{C}_t$
2006	5724.50	6007.16	5456.96	3341.10	3403.69	3106.51	2495.30	2383.60	2179.23
2007	6399.30	6520.56	5909.72	3538.30	3770.14	3426.67	2786.80	2837.90	2598.07
2008	7284.70	7246.46	6582.42	3825.40	3980.89	3598.09	3125.60	3126.82	2841.63
2009	8897.60	7968.13	7232.73	4273.20	4174.77	3767.67	3349.70	3351.19	3033.46
2010	9254.80	10225.04	9415.14	4936.70	4961.72	4534.34	3844.90	3863.91	3521.98
2011	11077.70	10289.18	9271.90	6725.40	6028.54	5529.81	4711.20	4595.59	4205.54
2012	11878.90	12440.16	11379.99	8336.50	7776.20	7172.06	5364.10	5375.28	4913.40
2013	13553.20	13207.91	11960.40	10155.00	9536.93	8763.80	6134.10	6067.05	5525.54
2014	14535.10	14058.30	12708.73	13738.60	11049.94	10095.42	8248.00	6880.88	6266.57

年份	山西			内蒙古			辽宁		
	C_t	$\widetilde{C}_t$	$\hat{C}_t$	C_t	$\widetilde{C}_t$	$\hat{C}_t$	C_t	$\widetilde{C}_t$	$\hat{C}_t$
1998	1056.45	1213.89		1577.12	1728.52		1702.68	1988.13	
1999	1047.18	1003.72		1533.72	1595.21		1617.64	1647.21	
2000	1149.01	1121.10	1014.10	1614.91	1557.96	1391.23	1753.54	1525.45	1349.92
2001	1221.58	1183.77	1070.08	1554.59	1573.33	1412.02	1786.28	1903.93	1744.58
2002	1354.60	1339.13	1218.07	1647.00	1633.27	1471.25	1781.30	1912.82	1722.71
2003	1434.40	1458.71	1323.16	1770.60	1787.78	1620.31	1884.10	1897.53	1700.39
2004	1636.50	1614.02	1465.55	2082.60	2025.75	1843.91	2073.00	2116.96	1921.00
2005	1877.70	1828.88	1664.98	2446.20	2394.22	2189.22	2805.90	2307.05	2092.34
2006	2253.30	2074.55	1889.47	2772.00	2749.82	2508.98	3066.90	3160.05	2925.24
2007	2682.60	2617.47	2407.56	3256.20	3283.21	3005.47	3368.20	3590.91	3279.09
2008	3097.50	3027.59	2766.61	3618.10	3845.27	3515.46	3814.00	3914.72	3551.48
2009	3304.80	3227.01	2921.53	3968.40	3838.90	3451.60	4254.00	4079.81	3681.40
2010	3663.90	3684.50	3354.96	4460.80	4453.91	4057.86	4489.50	4937.91	4519.84
2011	4587.00	4323.32	3950.86	5507.70	5346.63	4897.43	5406.40	5349.57	4854.46
2012	5566.20	5244.93	4809.59	6382.00	6345.60	5808.91	5998.40	6135.35	5590.40
2013	5812.70	6326.79	5801.07	7268.30	7244.91	6606.95	7159.00	6735.51	6115.71
2014	6991.70	7068.88	6434.23	9972.20	8429.80	7697.43	7800.70	7694.09	7009.31

续表

年份	吉林			黑龙江			上海		
	C_t	$\widetilde{C}_t$	$\hat{C}_t$	C_t	$\widetilde{C}_t$	$\hat{C}_t$	C_t	$\widetilde{C}_t$	$\hat{C}_t$
1998	2336.78	2568.59		2890.65	2939.22		1333.05	1377.23	
1999	2293.57	2398.81		2806.62	2987.48		1302.48	1355.23	
2000	2337.46	2350.38	2100.15	3230.88	3005.00	2697.67	1321.50	1324.16	1184.02
2001	2374.66	2456.71	2213.49	3479.17	3496.83	3187.18	1412.41	1377.43	1240.34
2002	2620.30	2487.89	2236.26	3692.90	3756.96	3404.43	1475.80	1480.18	1339.00
2003	2704.40	2802.34	2546.26	4285.10	4036.50	3653.31	1596.30	1492.83	1341.86
2004	2992.50	3024.85	2741.02	4659.10	4759.46	4347.76	1813.70	1868.97	1715.21
2005	3567.10	3315.99	3007.68	5433.00	5203.29	4724.36	2196.20	1925.95	1739.40
2006	4135.20	3958.73	3621.53	6057.20	6016.75	5487.42	2420.90	2486.56	2288.86
2007	4786.20	4702.34	4304.67	6801.60	6855.64	6248.52	2754.00	2898.31	2651.12
2008	5328.40	5396.94	4924.24	7534.10	7639.07	6945.85	3284.10	3252.33	2960.21
2009	5804.50	5789.30	5244.14	7731.70	8123.43	7348.49	3655.00	3536.70	3207.11
2010	6542.90	6621.08	6030.46	8928.90	8710.19	7880.34	4013.30	4292.76	3932.68
2011	8094.60	7743.27	7074.12	9965.10	10349.83	9461.16	4957.30	4722.90	4292.65
2012	9138.20	9201.54	8421.46	10652.70	11087.80	10047.43	5556.00	5721.60	5241.59
2013	9909.80	10221.74	9296.80	11760.20	11768.56	10637.17	5724.50	6296.07	5722.46
2014	11820.30	10903.90	9866.50	14497.80	14054.13	12851.57	7980.80	6913.60	6273.72

年份	江苏			浙江			安徽		
	C_t	$\widetilde{C}_t$	$\hat{C}_t$	C_t	$\widetilde{C}_t$	$\hat{C}_t$	C_t	$\widetilde{C}_t$	$\hat{C}_t$
1998	2336.78	2568.59		2890.65	2939.22		1333.05	1377.23	
1999	2293.57	2398.81		2806.62	2987.48		1302.48	1355.23	
2000	2337.46	2350.38	2100.15	3230.88	3005.00	2697.67	1321.50	1324.16	1184.02
2001	2374.66	2456.71	2213.49	3479.17	3496.83	3187.18	1412.41	1377.43	1240.34
2002	2620.30	2487.89	2236.26	3692.90	3756.96	3404.43	1475.80	1480.18	1339.00
2003	2704.40	2802.34	2546.26	4285.10	4036.50	3653.31	1596.30	1492.83	1341.86
2004	2992.50	3024.85	2741.02	4659.10	4759.46	4347.76	1813.70	1868.97	1715.21
2005	3567.10	3315.99	3007.68	5433.00	5203.29	4724.36	2196.20	1925.95	1739.40

续表

年份	江苏			浙江			安徽		
	C_t	$\widetilde{C}_t$	$\hat{C}_t$	C_t	$\widetilde{C}_t$	$\hat{C}_t$	C_t	$\widetilde{C}_t$	$\hat{C}_t$
2006	4135.20	3958.73	3621.53	6057.20	6016.75	5487.42	2420.90	2486.56	2288.86
2007	4786.20	4702.34	4304.67	6801.60	6855.64	6248.52	2754.00	2898.31	2651.12
2008	5328.40	5396.94	4924.24	7534.10	7639.07	6945.85	3284.10	3252.33	2960.21
2009	5804.50	5789.30	5244.14	7731.70	8123.43	7348.49	3655.00	3536.70	3207.11
2010	6542.90	6621.08	6030.46	8928.90	8710.19	7880.34	4013.30	4292.76	3932.68
2011	8094.60	7743.27	7074.12	9965.10	10349.83	9461.16	4957.30	4722.90	4292.65
2012	9138.20	9201.54	8421.46	10652.70	11087.80	10047.43	5556.00	5721.60	5241.59
2013	9909.80	10221.74	9296.80	11760.20	11768.56	10637.17	5724.50	6296.07	5722.46
2014	11820.30	10903.90	9866.50	14497.80	14054.13	12851.57	7980.80	6913.60	6273.72

年份	福建			江西			山东		
	C_t	$\widetilde{C}_t$	$\hat{C}_t$	C_t	$\widetilde{C}_t$	$\hat{C}_t$	C_t	$\widetilde{C}_t$	$\hat{C}_t$
1998	2025.09	2104.07		1538.24	1533.01		1595.09	1726.57	
1999	2038.57	2119.46		1607.43	1587.48		1679.75	1648.27	
2000	2409.69	2128.13	1909.78	1642.66	1618.23	1455.40	1770.75	1754.39	1583.09
2001	2503.07	2544.80	2325.44	1720.01	1715.54	1549.14	1904.95	1874.52	1695.32
2002	2583.20	2626.41	2370.83	1784.90	1781.81	1606.48	1997.80	2004.11	1812.76
2003	2715.50	2725.47	2455.93	1907.60	1900.48	1717.80	2133.20	2136.62	1932.06
2004	3015.60	2973.67	2694.20	2095.50	2159.22	1965.16	2389.30	2374.64	2156.46
2005	3292.60	3285.95	2983.35	2483.70	2348.52	2130.09	2735.80	2675.28	2434.29
2006	3591.40	3575.19	3241.44	2676.60	2764.34	2525.24	3143.80	3048.65	2777.69
2007	4053.50	4070.42	3706.46	2994.50	3126.56	2848.32	3621.60	3610.02	3301.75
2008	4661.90	4596.37	4184.74	3309.20	3471.76	3155.27	4077.10	4116.73	3753.68
2009	5015.70	5032.03	4566.65	3532.70	3564.33	3211.96	4417.20	4421.01	4004.79
2010	5498.30	5596.33	5084.53	3911.60	4024.57	3658.47	4807.20	5043.59	4592.63
2011	6540.90	6478.55	5910.68	4659.90	4643.57	4236.08	5900.60	5711.48	5201.58
2012	7401.90	7447.17	6793.56	5129.50	5311.30	4842.60	6776.00	6713.43	6135.39
2013	8151.20	8329.11	7577.03	5653.60	5755.88	5219.12	7392.70	7654.70	6978.85
2014	11055.90	9212.25	8367.77	7548.30	6493.13	5906.82	7962.20	8264.23	7490.29

续表

年份	河南			湖北			湖南		
	C_t	$\widetilde{C}_t$	$\hat{C}_t$	C_t	$\widetilde{C}_t$	$\hat{C}_t$	C_t	$\widetilde{C}_t$	$\hat{C}_t$
1998	1240.30	1359.32		1699.43	1711.72		1889.17	1846.61	
1999	1163.98	1289.28		1572.90	1733.41		1903.81	1950.94	
2000	1315.83	1180.30	1046.16	1555.61	1596.47	1418.04	1942.94	1963.37	1763.87
2001	1375.60	1399.34	1275.80	1649.18	1607.13	1440.21	1990.33	2025.35	1823.05
2002	1451.50	1454.74	1314.03	1745.60	1718.39	1552.81	2068.70	2072.95	1865.08
2003	1508.70	1472.12	1322.99	1801.60	1837.18	1661.78	2139.20	2192.00	1978.98
2004	1664.10	1716.38	1564.83	2089.00	2022.75	1835.22	2472.30	2385.37	2161.26
2005	1891.60	1863.89	1690.90	2430.20	2251.53	2045.97	2756.40	2721.54	2478.71
2006	2229.30	2149.95	1960.15	2732.50	2694.82	2466.38	3013.30	3004.05	2728.91
2007	2676.40	2646.54	2429.53	3090.00	3199.14	2928.53	3377.40	3476.66	3171.50
2008	3044.20	3119.18	2854.43	3652.60	3603.24	3281.62	3805.00	3900.36	3549.59
2009	3388.50	3287.23	2973.33	3725.20	3961.17	3596.21	4020.90	4128.89	3733.61
2010	3682.20	3898.33	3562.06	4090.80	4286.78	3884.14	4310.40	4591.66	4169.59
2011	4320.00	4382.99	3991.02	5010.70	4822.65	4385.89	5179.40	5013.68	4547.75
2012	5032.10	4924.44	4480.39	5726.70	5731.10	5242.56	5870.10	5883.14	5373.01
2013	5627.70	5696.85	5197.89	6279.50	6490.11	5914.03	6609.50	6629.62	6037.21
2014	7277.20	6597.71	6022.91	8680.90	7619.71	6962.87	9024.80	7907.29	7235.86

年份	广东			广西			海南		
	C_t	$\widetilde{C}_t$	$\hat{C}_t$	C_t	$\widetilde{C}_t$	$\hat{C}_t$	C_t	$\widetilde{C}_t$	$\hat{C}_t$
1998	2683.18	2657.16		1414.76	1435.31		1246.12	1347.91	
1999	2645.86	2758.96		1457.43	1469.72		1260.93	1282.38	
2000	2646.02	2666.95	2384.08	1487.96	1343.45	1192.43	1483.90	1317.99	1184.64
2001	2703.36	2721.91	2445.32	1550.62	1550.33	1409.68	1357.43	1531.22	1395.88
2002	2825.00	2799.36	2519.53	1686.10	1606.39	1449.91	1602.90	1461.95	1307.54
2003	2927.40	2936.05	2648.60	1751.20	1765.77	1601.02	1644.80	1726.01	1574.08
2004	3240.80	3153.78	2853.21	1928.60	1926.58	1747.09	1745.40	1794.63	1620.97
2005	3707.70	3489.95	3168.27	2349.60	2085.67	1889.63	1969.10	1853.58	1669.62

年份	广东			广西			海南		
	C_t	$\widetilde{C}_t$	$\hat{C}_t$	C_t	$\widetilde{C}_t$	$\hat{C}_t$	C_t	$\widetilde{C}_t$	$\hat{C}_t$
2006	3886.00	4035.50	3681.11	2413.90	2631.21	2418.73	2232.20	2142.58	1952.38
2007	4202.30	4297.08	3889.88	2747.50	2801.59	2539.22	2556.60	2607.07	2390.86
2008	4872.50	4773.18	4334.31	2985.00	3148.81	2862.67	2883.10	2968.74	2707.52
2009	5019.80	5260.19	4775.75	3231.10	3196.11	2877.08	3088.60	3106.31	2806.09
2010	5515.60	5719.85	5185.37	3455.30	3690.71	3361.84	3446.20	3445.28	3127.17
2011	6725.60	6527.33	5944.98	4210.90	3970.39	3597.91	4166.10	4191.28	3841.54
2012	7458.60	7610.83	6950.95	4933.60	4851.76	4446.88	4776.30	4795.89	4375.94
2013	8343.50	8276.29	7509.22	5205.60	5603.50	5117.67	5465.60	5396.04	4911.39
2014	10043.20	8810.61	7968.00	6675.10	6560.71	5995.20	7029.00	6486.66	5940.04

年份	四川			贵州			云南		
	C_t	$\widetilde{C}_t$	$\hat{C}_t$	C_t	$\widetilde{C}_t$	$\hat{C}_t$	C_t	$\widetilde{C}_t$	$\hat{C}_t$
1998	1440.77	1529.99		1094.39	1090.07		1312.31	1337.85	
1999	1426.07	1480.58		1069.81	1117.87		1269.33	1355.97	
2000	1484.59	1469.46	1315.93	1096.64	1076.67	961.83	1270.83	1295.83	1156.28
2001	1497.52	1552.06	1400.31	1098.39	1126.95	1015.22	1336.25	1315.91	1181.26
2002	1592.00	1579.02	1420.30	1137.60	1152.79	1037.38	1381.50	1402.18	1266.79
2003	1747.00	1686.03	1523.61	1185.20	1195.93	1077.46	1405.70	1456.78	1313.58
2004	2015.70	1977.84	1805.71	1296.30	1302.51	1179.87	1571.00	1541.05	1391.70
2005	2274.20	2246.64	2047.47	1552.40	1410.61	1278.04	1789.00	1717.13	1559.58
2006	2395.00	2452.42	2225.15	1627.10	1660.07	1516.37	2195.60	1980.78	1806.58
2007	2747.30	2815.38	2565.84	1913.70	1938.39	1771.30	2637.20	2594.73	2394.79
2008	3127.90	3189.58	2905.20	2165.70	2258.13	2062.81	2990.60	3121.93	2864.46
2009	4141.40	3393.43	3070.64	2422.00	2322.46	2094.84	2924.90	3251.28	2938.00
2010	3897.50	4797.81	4451.18	2852.50	2801.19	2562.71	3398.30	3391.77	3058.57
2011	4675.50	4628.86	4157.25	3455.80	3415.71	3134.71	3999.90	4054.41	3706.90
2012	5366.70	5340.14	4859.92	3901.70	3984.40	3642.27	4561.30	4598.12	4190.90
2013	6308.50	6078.77	5539.75	4740.20	4463.41	4061.86	4743.60	5186.73	4721.47
2014	8301.10	7471.67	6856.92	5970.30	5829.08	5376.65	6030.30	5691.24	5166.01

续表

年份	陕西			甘肃			青海		
	C_t	$\widetilde{C}_t$	$\hat{C}_t$	C_t	$\widetilde{C}_t$	$\hat{C}_t$	C_t	$\widetilde{C}_t$	$\hat{C}_t$
1998	1181.38	1339.11		939.55	1126.95		1117.79	1164.57	
1999	1161.10	1217.37		880.65	913.30		1133.63	1149.20	
2000	1251.21	1150.83	1023.25	1084.00	918.96	821.23	1218.23	1152.05	1033.26
2001	1331.03	1300.95	1181.15	1127.37	1164.21	1069.52	1330.45	1278.37	1159.59
2002	1490.80	1423.56	1291.87	1153.30	1186.61	1070.59	1386.10	1432.09	1302.33
2003	1455.40	1578.73	1433.93	1336.90	1210.74	1088.72	1563.20	1487.56	1342.40
2004	1618.10	1605.54	1445.28	1464.30	1490.01	1365.53	1676.40	1715.29	1562.78
2005	1896.50	1777.57	1612.42	1819.60	1570.39	1421.33	1976.00	1837.96	1664.81
2006	2181.00	2099.99	1919.50	1855.50	1984.61	1823.97	2179.00	2176.84	1989.30
2007	2559.60	2564.91	2353.65	2017.20	2025.86	1828.01	2446.50	2491.59	2272.67
2008	2979.40	3043.95	2787.09	2401.00	2351.62	2143.35	2896.60	2801.52	2549.74
2009	3349.20	3275.45	2969.42	2766.50	2633.80	2396.64	3209.40	3163.78	2879.96
2010	3793.80	3995.04	3661.04	2942.00	3189.05	2922.07	3774.50	3708.15	3387.83
2011	4491.70	4627.84	4227.69	3664.90	3350.82	3031.08	4536.80	4507.21	4133.75
2012	5114.70	5159.44	4692.59	4146.20	4246.74	3903.81	5338.90	5291.59	4839.93
2013	5724.20	5790.34	5266.98	4849.60	4713.18	4289.99	6060.20	6193.59	5660.78
2014	7252.40	6928.00	6341.21	6147.80	5938.77	5460.36	8235.10	7112.10	6488.21

年份	宁夏			新疆		
	C_t	$\widetilde{C}_t$	$\hat{C}_t$	C_t	$\widetilde{C}_t$	$\hat{C}_t$
1998	1327.63	1405.48		1450.29	1482.98	
1999	1269.68	1355.49		1282.49	1344.36	
2000	1417.13	1247.90	1107.27	1236.45	1384.61	1243.66
2001	1388.79	1508.22	1377.73	1350.23	1301.70	1159.56
2002	1418.10	1451.37	1300.11	1411.70	1467.56	1331.93
2003	1637.10	1507.97	1357.34	1465.30	1585.79	1437.17
2004	1926.80	1866.49	1711.90	1689.90	1564.84	1403.24
2005	2094.50	2097.58	1911.00	1924.40	1871.56	1709.81

年份	宁夏			新疆		
	C_t	$\tilde{C}_t$	$\hat{C}_t$	C_t	$\tilde{C}_t$	$\hat{C}_t$
2006	2247.00	2308.77	2096.25	2032.40	2133.26	1945.30
2007	2528.80	2584.94	2350.31	2350.60	2358.82	2143.12
2008	3094.90	2931.40	2669.36	2691.80	2604.18	2364.62
2009	3347.90	3415.30	3118.68	2950.60	2978.29	2713.75
2010	4013.20	3861.92	3517.67	3457.90	3515.95	3214.96
2011	4726.60	4674.82	4283.88	4397.80	4062.09	3708.35
2012	5351.40	5401.33	4932.61	5301.30	5203.07	4793.13
2013	6489.70	6026.78	5481.70	6119.10	6093.91	5576.13
2014	7676.50	7876.21	7264.95	7365.30	6952.92	6339.12

表4-14中数据显示，省级农村居民三种消费值中，消费值与模型拟合值在不同省份不同时期均有高低，但有效消费值却明显低于前两种消费水平，不难发现农村居民效用损失较多，获得的满足程度较低，这主要是由于农村居民的较强的习惯形成降低了效用水平。

4.3　城乡居民消费两种效应的比较分析

4.3.1　城乡居民消费收入效应比较分析

上述研究已分别就城乡居民人均总量消费的收入效应以及习惯形成效应进行了实证分析，本部分将反映城乡居民消费的收入与习惯形成影响进行比较分析，考察上述变量对城乡居民消费的不同作用。

在利用人均消费研究城乡居民1995～2014年消费的同时，还将这一时期分成1995～2002年与2003～2014年两个阶段分别考察。由于对式（4.2）使用变量形式不同，如研究城镇居民消费时，使用的是模型变量本身，对于农村居民，则使用的是模型变量的对数值。由边际消费倾向 MPC、平均消费倾向 APC 与消费收入弹性 E_I 可知 $E_I = MPC/APC$，其中由式（4.2）可以近似得出的是城镇居民消费的 MPC，农村居民消费的 E_I，分别利用三个时期城乡居民消费、收入数据计算得出三个不同时期城乡居民消费的平均消费倾向 APC，由此得出各个时期城乡居民消费的边际消费倾向 MPC 与衡量消费与收入增长关系的消费收入弹性 E_I。以上是就收入、滞后一期、滞后二期消费的影响对省级城乡居民消费做回归，主要是依此获得习惯存量比例系数。式（4.3）是就收入与习惯形成影响作为消费变动的解释变量，由此得到居民消费的收入效应与习惯形成效应。表 4-15 列出了通过式（4.2）与式（4.3）计算出来的城乡居民三个时期 APC、MPC、E_I 与收入效应 α_1。

表 4-15　　　　　　　　城乡居消费倾向、消费收入弹性与收入效应

参数	城镇居民			农村居民			备注
	1995~2014年	1995~2002年	2003~2014年	1995~2014年	1995~2002年	2003~2014年	
MPC	0.603*	0.589*	0.606*	0.604	0.463	0.701	式（4.2）
APC	0.755	0.801	0.724	0.764	0.756	0.769	
E_I	0.798	0.735	0.836	0.790*	0.613*	0.911*	式（4.3）
α_1	0.862			0.916			

4.3.1.1　城乡居民收入差距与增速稳定性

城乡居民收入基数明显不同，且收入差距逐年扩大，导致城乡居民消费差距在扩大，同时也使得农村居民消费倾向与收入弹性较高。孔祥利和王张明（2013）通过比较城乡居民 1995~2011 年数据分析发现，中国农村居民人均消费水平落后于城镇居民 16 年，而农村居民食品支出比例也与城镇居民保持着 10 年的差距。表 4-16 列出了省级城乡居民 1995 年与 2014 年的收入差距。

表 4-16　　　　　省级城乡居民 1995 年与 2014 年收入差距　　　单位: 元

省份	1995 年	2014 年	省份	1995 年	2014 年	省份	1995 年	2014 年
北京	3011.4	29664.6	浙江	3255.2	21019.4	海南	3250.7	14573.9
天津	2522.6	14491.8	安徽	2492.6	14922.1	四川	2844.6	14886.7
河北	2252.6	13955.2	福建	2458.4	18072.2	贵州	2844.8	15877.0
山西	2097.7	15260.0	江西	1839.2	14192.6	云南	3074.1	16842.9
内蒙古	1654.7	18373.3	山东	2549.0	17339.6	陕西	2346.8	16433.6
辽宁	1950.0	17890.3	河南	2067.5	13706.0	甘肃	2272.2	15527.3
吉林	1565.2	12437.7	湖北	2517.4	14003.2	青海	2290.1	15023.9
黑龙江	1766.3	12155.8	湖南	3274.1	16510.0	宁夏	2384.1	14874.6
上海	2946.2	27649.8	广东	4739.5	32148.1	新疆	3027.0	14940.2
江苏	2177.6	19387.9	广西	3345.7	15985.8			

限于篇幅, 仅列出这一时期首尾两个年份省级城乡居民收入差距, 但已显现这一差距的扩大态势, 且经济强省地区城乡居民收入差距更大。依据经济理论, 越富裕的人群其边际消费倾向越低, 在城乡居民收入差距不断扩大的情况下, 城镇居民消费变化平缓, 表现在边际消费倾向 MPC 与收入弹性 E_I 上。表 4-15 的三个时期中, 1995～2002 年城镇居民 MPC 最小, 为 0.589, 最高在 2003～2014 年, 为 0.606, 20 年间年均为 0.603, 三个时期城镇居民的 MPC 相差较小。而农村居民由于收入本身处于较低水平, 加之与城镇居民收入差距的逐年扩大, 这就使得农村居民在主观上产生收入更低的心理, 农村居民 MPC 三个时期中逐渐增大, 由 1995～2002 年最低的 0.463 到 2003～2014 年最高的 0.701。同样, 对于城乡居民三个时期的收入弹性 E_I, 也可明显看出农村居民这一指标波动幅度更大。城乡居民消费增长的变化离不开收入差距的扩大, 农村居民相对收入水平更低。

除上述城乡居民收入差距逐渐拉大外, 城乡居民收入增长稳定性也不同。王小华和温涛 (2015) 对省级城乡居民收入变动数据进行了统计分析, 发现城镇居民收入实际增长率的最大值、最小值、极差、标准差与变异系数均小于农村居民, 说明城镇居民收入增长较为稳定, 而农村居民收入虽也不断提高, 但却经历着 "过山车" 式的潮起潮落, 这也使得农村居民消费呈现更为明显的波动趋势。

关于城乡居民收入差距较大的原因有偏向城市的经济与社会政策（陆铭和陈钊，2004）、教育投入政策与鼓励资本密集部门优先发展的战略政策（陈斌开和张鹏飞等，2010；陈斌开和林毅夫，2013）、城乡劳动力市场分割、歧视性的社会福利与保障体系（Yang，1999）等。除此之外，不合理的税费负担、政府对农产品价格控制也都可以解释城乡居民收入差距扩大的经济现象。实际上，不仅城乡居民，城镇居民之间收入差距也在增加。归本溯源，经济的快速增长是城乡居民收入差距加大的根本原因，同样也是经济增长推动方式与经济快速增长过程中不可避免出现的一些经济问题。索洛经济增长理论说明储蓄率、人口增长率与科技进步是推动经济增长的主要源泉，但只有科技进步能够真正带来人均经济增长的实际提升，而储蓄率与人口增长率只能促进总量的增加。鼓励资本密集部门优先发展是提升科技水平，促进科技进步进而实现经济快速增长的必要手段。经济的快速发展，科技的大踏步前进使得专业分工更加明显，必然带动人才需求与人力资源配置的跟进，对劳动力素质与技能会提出更高的要求。科教兴国战略思想下对教育的关注与投资程度越深，教育分层、劳动力素质分层，差距也越明显。劳动力市场分割，必然使得劳动力资源难以有效流动，从而收入差距更大。

4.3.1.2 拥有较高收入的居民处在上有老下有小的生命周期

我国是具有几千年文化传统的国家，在奉尚"伦理本位"家庭美德教育观的指导下，形成了"养儿防老""父慈子孝"的家庭伦理观念，使子女和父母之间逐步形成一种中国式的责任和义务的关系，两代人间的权利与义务往往被混淆，两代人在心理上难以分割。面对当前人才培养竞争激烈的教育环境，父母需要更多地考虑子女的教育问题，为子女的学业支付昂贵的附加费用，父辈不但要抚养子辈长大成人，还要为他们今后的生活做好必要的筹划，如婚姻、购房等。不仅如此，父辈同时还要赡养自己的父母，也要为自己老年医疗预留一定的积蓄，生活成本增加，压力增大。城镇居民虽然收入水平较高，但城市生活成本也较大，这些通常使得本是各行业中流砥柱的高收入人群却保持着较低的消费倾向。

4.3.1.3　城镇居民消费示范效应与城乡居民消费商品结构变化

城镇居民整体上较农村居民具有更高的综合素质，消费观念超前、认知能力与消费技能较强，能够通过处理、整合所接收到的各种信息进行较为合理的预期。20 年间，收入增长仍然对城镇居民消费增长起到明显的促进作用，即使相对农村居民增长幅度较缓。城镇居民消费引领农村居民消费，示范效应明显（崔海燕，2012）。虽然收入差距使得城乡居民消费也存在较大差距，但城镇居民消费的示范效应使得农村居民即使在收入较低的情况下也会一定程度上提升消费水平，因此收入增长对消费增长的作用偏大。

尽管如此，农村居民由于收入水平较低，与城镇居民消费商品结构仍然存在较大差异。食品属于需求价格弹性较低的商品，在收入不断提高的过程中，城乡居民恩格尔系数呈现出较为明显的下降趋势，但农村居民在食品支出上的边际消费倾向仍显著高于城镇居民。另外，虽然农村居民食品消费的边际倾向较高，但其在城乡居民总消费中的占比较低，这也是我国居民消费增长缓慢的一个原因。20 年间，城镇居民在其他商品上消费支出比重增幅明显（比如文教娱乐、医疗），富裕程度也更高，从而会进一步拉大城乡居民生活水平差距，农村居民从消费中获得的满足程度较低，心理落差也更加明显。

4.3.2　城乡居民消费习惯形成效应比较分析

习惯存量比例系数 θ 的大小反映习惯形成的久远性，习惯存量比例系数越小，习惯形成就越久远，也因此调整起来更加困难。α_2 反映习惯形成对居民消费的影响，其大小表示习惯形成效应，代表居民习惯形成强度。若 α_2 具有参数显著性，且为正，则说明居民消费具有习惯形成效应，若为负，则说明居民消费具有耐久效应；如果 α_2 不具参数显著性，则说明消费表现为习惯与耐久的整合效应。表 4 - 17 汇总了 1995 ~ 2014 年城乡居民消费习惯存量比例系数 θ 与习惯形成效应 α_2。

表 4 - 17 城乡居民消费习惯存量比例系数与习惯形成效应

参数	城镇居民			农村居民		
	1995 ~ 2014 年	1995 ~ 2002 年	2003 ~ 2014 年	1995 ~ 2014 年	1995 ~ 2002 年	2003 ~ 2014 年
θ	0.866	0.679	0.867	0.809	0.887	0.731
α_2		- 0.058			0.106 *	

注:" $*$ "表示参数在 10% 的显著性水平下显著。

每期习惯存量 h_t 大小依赖其比例系数 θ 的水平,θ 越小,$(1 - \theta)^i (i = 0,$ 1,2,…) 越缓慢趋于零,习惯形成越久远。表 4 - 17 显示,三个时期除 1995 ~ 2002 年外,农村居民习惯存量比例系数均小于城镇居民,因此相比城镇居民农村居民习惯形成的时间长度更大。城乡居民消费习惯形成影响也明显不同,在 10% 的显著性水平下,农村居民消费具有明显的习惯形成效应,习惯形成强度为 0.106,而城镇居民消费却表现出习惯与耐久的整合效应,不具有显著的习惯形成。这一结果与习惯存量比例系数反映出来的结论相互支撑,同时也说明相比农村居民,城镇居民在应对不确定性、抵御各种金融风险与适应经济波动等方面的能力更强,也因此谨慎消费程度较农村居民弱,从而习惯形成不强。

4.3.2.1 城乡居民收入、生活水平差异与棘轮效应

杜森贝利的相对收入理论认为消费具有棘轮效应,即消费易于随收入的增加而增加,但不易随收入的减少而减少。同时这一理论也解释了凯恩斯绝对收入理论具有正截距的原因,即人们短期内无法摆脱他们的消费习惯,即使在收入较低时消费也不会紧跟长期消费曲线而减少。近年来,城乡居民收入虽都呈上升趋势,但差距却在不断扩大,依据消费的棘轮效应可知,在边际消费倾向一定的条件下,城乡居民消费差距也会呈现不均等变化,城镇居民消费变动幅度较大,农村居民消费变动幅度较小且趋势更为平缓,因此城乡居民消费水平差距会逐渐增加。在这一过程中,对比消费差距的不断扩大,农村居民消费水平相对稳定。消费者的偏好、习惯等因素越是变化较小,居民的消费越不容易发生明显变动,由此看来,农村居民消费习惯形成更为久远。

4.3.2.2　教育、文化等综合素质差异

教育投入、受教育机会多少、对教育的重视程度强弱等因素导致城乡居民受教育程度不同，从而城乡居民文化水平、综合素质存在差异。一个好的现象是，近年来无论城镇居民还是农村居民都加大了对教育的重视程度，教育投入增加。然而，随着收入差距的扩大城乡居民教育投入的差距也在不断扩大，城镇居民在教育上的投入增长更加明显。图 4 - 1 描绘了 1995 ~ 2014 年城乡居民家庭人均文教娱乐消费现金支出情况。

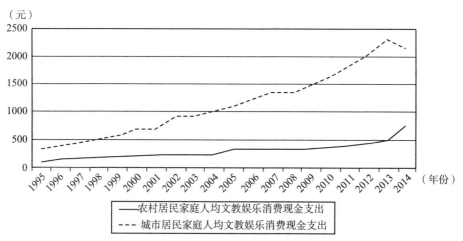

图 4 - 1　1995 - 2012 年城乡居民家庭人均文教娱乐消费现金支出

　　城乡居民人均文教娱乐消费均呈逐年上升趋势，城镇居民这一商品消费上升明显，而农村居民在此种商品结构上的消费却是小幅增加。2012 年相比 1995 年，农村居民人均文教娱乐消费增长 335.06%，城镇居民增长 514.35%，增幅明显高于农村居民，且农村居民在该种商品消费上的基数较低，二者差值在不断扩大。由于农村居民受教育程度、文化水平等综合素质较低，因此农村居民辨别、整合各种经济信号的能力也较弱，抵御金融风险的能力不强，财富贮存手段更是单一，财富升值空间较小，面对纷繁复杂的信息与经济环境，谨慎的消费行为是他们规避经济风险的重要选择，从而农

村居民更容易形成较强的消费习惯。

4.3.2.3 消费思想观念差异

除地区经济发展、收入差距等外部因素对居民消费行为产生影响外,居民自身内部因素——消费思想观念对消费行为同样也发挥着重要作用。董雅丽(2002)认为消费观念是人们对待其可支配收入的指导思想和态度以及对商品价值追求的取向,是消费者主体在进行或准备进行消费活动时对消费对象、消费行为方式、消费过程、消费趋势的总体认识评价与价值判断。董雅丽(2011)还将消费观念分为超前性消费观念、品牌性消费观念与实用性消费观念。郑红娥(2006)认为,消费观念是对不同时代消费意识形态的反映,将消费观念分为节俭消费观、大众消费观、追求现代物质生活消费观、后代消费观、成就消费观与发展消费观。

消费观念与生产力、经济发展水平,同时也与受教育程度相适应。城镇居民受教育程度整体高于农村居民,更注重在消费中获得物质享受的同时追求精神上的满足。城镇居民在对时间利用、效率、品质与消费环境方面具有较高的追求;相比之下,农村居民则更注重消费的实用性,对价格低廉、质量一般的商品更为青睐,节俭、量入为出,而超前消费意识淡薄。超前消费本身就是要紧跟并顺应社会经济与科技的发展,就是要打破已有的消费习惯,农村居民较少具有超前消费意识,消费行为更为固定,从而习惯形成久远,习惯效应也较强。相反城镇居民更容易接受新鲜事物,应变能力更强,引导转变消费观念可能性也更大,消费决策更加灵活,从而消费谨慎性较农村居民小,习惯形成较弱。

【小结】本章基于收入与消费习惯形成的影响,运用系统广义矩估计方法对中国 1995~2014 年城乡居民消费进行实证分析。与以往研究使用比例系数为 1 的习惯存量简化形式不同的是,本章实际估算了城乡居民这一比例参数值,可以更加具体的考察习惯形成的久远性。研究显示:这一时期农村居民消费习惯存量比例为 0.809,小于城镇居民这一参数 0.866,习惯形成的时间长度大,因而习惯形成更加久远;城乡居民消费的收入效应与习惯形成效应说明收入增长对城乡居民消费增长都具有显著影响,但对农村居民消费增长作用较大。农村居民消费具有显著的习惯形成效应，习惯形成强度为0.106，而城镇居民消费表现出习惯与耐久的整合效应，不具有明显的习惯影响。依据相关实证估计结果计算得出城乡居民实际有效消费值，它将与第7章获得的消费者效用最大化时的均衡消费值一起用于后续消费理性的检验。

| 第 5 章 |

城乡居民消费理性的实证检验

本书第 3 章构建了包含习惯形成的效用函数,并依据消费者效用最大化一阶条件得出消费者均衡时的消费与习惯形成的函数关系。第 4 章利用省级面板数据,基于经济理论中经济变量间的因果关系就中国城乡居民消费、收入与习惯形成效应进行了一般性的实证分析,获得城乡居民实际有效消费值。上述两章的相关内容将用于本章对于城乡居民 1995~2014 年消费行为的理性检验。本章首先将运用第 3 章习惯形成计量经济模型估计相关参数,细致考察城乡居民习惯形成特征,包含习惯形成久远性与习惯形成依据偏好变化调整的灵活程度,进一步获得城乡居民各期消费均衡值,即消费者实现效用最大化时的消费水平。而后依据第 2 章提出的习惯形成下消费理性的含义,检验城乡居民消费这一时期是否存在理性。一方面,验证从第 4 章获得的实际有效消费值是否在统计上近似等于本章所获得的效用最大化时的均衡消费值,本章提出了用于检验二者一致的条件,两种消费至少要满足来源于习惯形成影响的部分近似一致;另一方面,借助广义矩估计(GMM)与折息递推最小二乘方法(DRLS)跟踪习惯形成参数的逐年变动,以此验证城乡居民偏好是否满足外在阶段一致性假设。

5.1 城乡居民消费均衡分析

本节利用模型(3.8),结合城乡居民 1995~2014 年相关经济数据探讨消费的收入与习惯形成效应。

5.1.1　城乡居民消费均衡条件下的收入与习惯形成效应

模型（3.8）习惯形成计量经济模型包含消费、收入的差分变量，与上一章相同，实证分析中收入使用城乡居民家庭人均可支配收入（单位：元），消费选择城乡居民家庭人均现金消费支出（单位：元），并对消费、收入数据进行价格调整（价格指数选用城乡居民消费物价指数并令 1995 年 = 100），对应变量数据均使用省级面板数据①，数据年限为 1995～2014 年，数据来源为各年《中国统计年鉴》。城乡居民相关经济变量 $\Delta \ln c_{i,t}$，$\Delta \ln c_{i,t-1}$，$\Delta \ln c_{i,t-2}$、$\Delta \ln y_{i,t}$ 面板序列平稳性检验结果见表 5 - 1。

表 5 - 1　　城乡居民消费、收入对数变量省级面板数据的平稳性检验

城乡居民	变量	LCC	P 值	ADF - Fisher Chi²	P 值	检验类型 (c, t, d)	结论
城镇居民	$\Delta \ln C_t$	-17.7728	0.0000	344.567	0.0000	(c, 0, 0)	平稳
	$\Delta \ln C_{t-1}$	-13.7475	0.0000	283.562	0.0000	(c, 0, 0)	平稳
	$\Delta \ln C_{t-2}$	-16.3788	0.0000	297.664	0.0000	(c, 0, 0)	平稳
	$\Delta \ln Y_t$	-12.2867	0.0000	236.879	0.0000	(c, 0, 0)	平稳
农村居民	$\Delta \ln C_t$	-7.0546	0.0000	166.986	0.0000	(c, 0, 0)	平稳
	$\Delta \ln C_{t-1}$	-5.8876	0.0000	144.842	0.0000	(c, 0, 0)	平稳
	$\Delta \ln C_{t-2}$	-4.8785	0.0000	130.480	0.0000	(c, 0, 0)	平稳
	$\Delta \ln Y_t$	-3.4023	0.0003	128.595	0.0000	(c, 0, 0)	平稳

注：c、t、d 分别代表检验中是否带有常数项、时间趋势及差分阶数。城乡居民各省份 $\Delta \ln C_t$ 时间序列平均值分别在 0.065 与 0.074 左右。

模型（3.8）系统广义矩估计结果见表 5 - 2。全部解释变量的联合显著性沃尔德（Wald）检验概率 P 值显示模型总体上具有显著性，并且 Sargan 检

---

① 不包含我国港澳台地区，另外，由于重庆与西藏两个地区相关经济数据缺省，因此研究中不包括这两个地区。

验的 P 值表明工具变量在整体上是有效的，从残差的一阶、二阶序列相关性 AR（1）和 AR（2）检验的 P 值可知，仅存在一阶序列相关，不存在二阶序列相关，故可以判断原模型的随机扰动项无序列相关性，满足使用系统广义矩估计方法的前提。

表 5 – 2　　　　　　　　　模型（3.8）系统广义矩估计结果

城乡居民	λ_1	λ_2	λ_3	λ_0	θ	α	$P_{AR(1)}$	$P_{AR(2)}$	P_{Wald}	P_{Sargan}
城镇居民	– 0.2003 (0.001)	– 0.0812 (0.034)	0.8167 (0.000)	0.2506 (0.020)	0.595	– 0.401	0.0000	0.146	0.0000	0.9997
农村居民	– 0.1752 (0.008)	– 0.1322 (0.019)	0.8442 (0.000)	0.0344 (0.000)	0.245	– 0.350	0.0006	0.451	0.0000	1.0000

注：括号中的数据为对应参数 t 统计量的概率值。

参数 λ_3 反映了跨期收入比对消费比的影响，若收入跨期收入比增长 1 个百分点，城乡居民跨期消费比分别增长 0.8167 个与 0.8442 个百分点。习惯存量比例系数值虽整体上较第 4 章估计结果小，但与第 4 章相一致的是农村居民仍表现出较低的习惯存量比例系数水平，因而相比城镇居民农村居民习惯形成更久远。表 5 – 2 中城乡居民习惯强度 α 值显示，城乡居民消费均不具显著的习惯形成，消费表现出习惯于耐久的整合效应，这与使用总消费数据进行计量研究有关。

5.1.2　城乡居民实际有效消费与均衡消费的一致性检验

利用表 5 – 2 参数估计结果将式（3.8）的拟合值作为消费者效用最大化条件下的均衡消费值 $C_{i,t}^*$，并将第 4.1 节和第 4.2 节获得的城乡居民实际有效消费值 $\hat{C}_{i,t}$ 与对应的均衡值 $C_{i,t}^*$ 进行线性拟合，检验二者统计上的一致性。

由于本书考察习惯形成下的消费理性，本书第 4 章、第 5 章消费的一般分析与均衡分析也都是限于收入与习惯形成作为解释变量，因此若直接对两消费值进行线性拟合，检验二者在统计上的近似相等则不能突出上述两因素的影响。因而作如下考虑，由于考虑 $\hat{C}_{i,t}$ 与 $C_{i,t}^{*}$ 的偏离程度，建立 $C_{i,t}^{*}$ 与 $\hat{C}_{i,t}$ 两消费差值 $C_{i,t}^{d}$ 的平方关于收入 Y 与习惯存量 H 的省级面板计量模型（5.1），其中习惯存量由滞后两期消费计算得出，θ 值由表5-2给出。各变量均经过价格调整（以1995年价格为基期），其中 $C_{i,t}^{d}=C_{i,t}^{*}-\hat{C}_{i,t}$。

$$(C_{i,t}^{d})^{2}=k_{0}+k_{1}Y_{i,t}+k_{2}H_{i,t}+\varepsilon_{i,t} \tag{5.1}$$

若出现下述（1）~（3）的情况，则认为上述两消费值在本书研究范围内近似一致：

（1）模型（5.1）不成立，如各变量不满足同阶单整，或不具备协整条件。

（2）模型（5.1）基本成立，但参数 k_{1} 与 k_{2} 均不显著。

上述两种情况均表明居民消费均衡值与实际有效值的差值不能由 Y 与 H 解释，由于已假定消费与收入与习惯形成有关，故可以认为两消费中来源于 Y 与 H 的影响相同。

（3）放宽条件，若 k_{1} 显著，而 k_{2} 不具显著性，或 k_{2} 显著但其值小于零（见第3.2节），则居民两消费差值不能由习惯形成解释，因此习惯形成对上述两消费的影响近似相同。

（4）若 k_{1} 与 k_{2} 都具显著性，且 $k_{2}>0$，则两消费近似相等完全不成立。

5.1.2.1　城镇居民两种消费值的线性拟合

利用模型（3.8）与表5-2城镇居民参数估计结果获得省级城乡居民各期消费均衡值，数据见表5-3。

表5-3　　　　　　省级城镇居民1997~2014年均衡消费值　　　单位：元

| 年份 | 北京 | 天津 | 河北 | 山西 | 内蒙古 | 辽宁 | 吉林 | 黑龙江 | 上海 | 江苏 |
	C_t^*	C_t^*	C_t^*	C_t^*	C_t^*	C_t^*	C_t^*	C_t^*	C_t^*	C_t^*
1997	6218.66	5187.08	3859.39	3289.32	3183.42	3802.39	3341.98	3418.98	7073.85	4580.83
1998	7060.26	5550.00	4077.45	3340.06	3325.70	3855.14	3426.10	3420.33	7214.63	4733.70
1999	7530.56	5841.79	4081.80	3490.89	3401.97	4132.59	3668.91	3572.09	8450.95	5227.19
2000	8389.55	6181.98	4272.41	3815.91	3695.30	4354.47	3887.97	3701.41	8688.19	5232.70
2001	9374.79	6692.69	4577.23	4408.01	4162.32	4665.91	4372.01	4150.64	9599.49	5746.25
2002	9578.06	7200.42	4955.06	4660.36	4518.70	5140.02	4948.53	4610.24	9665.60	6076.32

续表

年份	北京 C_t^*	天津 C_t^*	河北 C_t^*	山西 C_t^*	内蒙古 C_t^*	辽宁 C_t^*	吉林 C_t^*	黑龙江 C_t^*	上海 C_t^*	江苏 C_t^*
2003	11139.59	7882.31	5410.84	5134.98	5424.59	5756.35	5409.79	4830.47	11487.28	6704.28
2004	12242.18	8670.75	5939.49	5652.63	6081.56	6519.93	6023.93	5503.41	12247.24	7448.11
2005	13538.40	9562.34	6617.88	6276.79	6818.05	7259.47	6639.94	6051.26	13832.08	8447.93
2006	14748.41	10721.19	7412.94	6986.42	7665.29	8151.17	7483.08	6730.36	15023.12	9566.34
2007	16084.18	11920.23	8201.66	8066.11	8924.18	9234.88	8341.81	7374.74	16681.30	10902.64
2008	17277.62	13988.26	9342.11	9076.53	10483.36	10708.62	9549.92	8413.66	19166.30	12081.80
2009	17851.98	14594.71	9832.50	9388.23	11585.32	11926.58	10438.58	9197.92	20715.85	13036.47
2010	19311.67	16499.39	10597.14	10389.41	13460.36	13533.29	11807.25	10415.74	22967.93	14487.90
2011	22279.59	18182.51	11583.41	11318.92	15795.85	15170.36	13363.36	11943.64	26138.44	16307.11
2012	24284.58	20160.34	12928.13	12617.31	17767.69	16631.77	14652.14	13484.24	27840.13	18558.38
2013	28781.21	19954.48	13550.93	13272.61	19695.98	18736.82	15386.29	15005.19	29413.21	19849.05
2014	33073.92	24083.58	15910.23	14763.64	20915.10	20628.94	17252.09	16593.25	34446.16	23658.32

年份	浙江 C_t^*	安徽 C_t^*	福建 C_t^*	江西 C_t^*	山东 C_t^*	河南 C_t^*	湖北 C_t^*	湖南 C_t^*	广东 C_t^*	广西 C_t^*
1997	6302.68	3742.85	4995.19	3219.89	4050.06	3314.80	4067.52	4347.32	7212.18	4497.53
1998	6649.01	3887.68	5138.65	3366.21	4218.67	3470.73	4042.69	4570.72	7197.22	4737.03
1999	6727.23	4030.25	5439.58	3618.16	4485.46	3641.27	4355.13	4716.36	7341.42	4590.42
2000	7159.83	4100.74	5742.31	3757.35	4980.98	3679.03	4552.50	5106.96	8030.88	4772.77
2001	7797.01	4500.64	6250.07	3908.80	5411.21	4166.10	4896.25	5607.13	8534.61	5466.90
2002	8651.20	4773.13	6551.59	4405.82	5606.85	4740.76	5482.37	5688.96	8688.36	5675.14
2003	9551.71	5270.94	7092.54	4831.56	6114.33	4921.75	5932.59	6152.37	9811.45	5768.25
2004	10554.98	5608.54	8084.31	5323.45	6733.63	5455.78	6504.48	6796.64	10498.35	6416.66
2005	11758.11	6343.31	8896.20	6014.20	7471.53	5943.73	7036.50	7514.27	11503.75	6885.25
2006	13409.60	7165.29	9718.93	6629.88	8276.50	6704.32	7512.08	8193.93	12692.84	7491.33
2007	14816.51	8336.87	10925.54	7758.64	9623.89	7655.29	8544.75	9414.18	13751.65	8389.75
2008	15663.51	9490.43	12606.72	8625.95	10823.29	8855.06	9759.61	10062.36	15846.09	9345.01
2009	16441.45	10216.04	13424.27	9382.80	11824.49	9464.49	10258.22	10775.81	16813.97	10262.31

续表

年份	浙江	安徽	福建	江西	山东	河南	湖北	湖南	广东	广西
	C_t^*	C_t^*	C_t^*	C_t^*	C_t^*	C_t^*	C_t^*	C_t^*	C_t^*	C_t^*
2010	18340.91	11336.22	14770.55	10587.00	13235.21	10475.85	11374.79	11784.25	18453.58	11269.79
2011	20152.90	13292.85	16702.82	11879.94	14806.98	12175.17	12926.02	13346.11	20625.95	12611.86
2012	22562.17	14637.14	18551.02	13209.06	16265.56	13652.43	14678.23	14974.41	22644.73	14340.27
2013	23188.62	16045.32	18788.78	14124.96	16530.14	14549.79	15664.79	16468.75	22220.72	15172.54
2014	27045.12	16126.68	22227.55	15141.96	18128.76	16458.51	16814.11	18111.21	23991.21	15868.94

年份	海南	四川	贵州	云南	陕西	甘肃	青海	宁夏	新疆
	C_t^*	C_t^*	C_t^*	C_t^*	C_t^*	C_t^*	C_t^*	C_t^*	C_t^*
1997	3897.47	4112.01	3845.98	4473.25	3440.96	3107.53	3417.97	3353.57	3701.86
1998	3996.74	4427.06	3762.61	4896.89	3666.56	3299.00	3568.22	3537.62	4025.75
1999	4238.13	4648.59	4103.98	5125.49	3866.49	3413.51	3934.68	3680.19	3997.16
2000	4102.37	4820.82	4115.41	5111.02	4248.13	3887.15	4215.20	3872.19	4386.74
2001	4463.29	5208.39	4535.29	5533.60	4503.74	4390.93	4679.02	4581.21	4956.45
2002	4995.10	5382.84	4682.11	5585.53	5193.15	4951.08	4939.00	4916.12	5266.30
2003	5574.22	5788.42	5042.76	6103.44	5607.46	5368.90	5481.96	5413.66	5758.53
2004	5838.32	6337.78	5456.59	6960.15	6163.60	5798.98	5840.26	5873.62	5856.66
2005	6163.15	6920.59	6019.27	7179.18	6816.65	6403.82	6271.90	6482.32	6205.81
2006	6826.23	7626.77	6736.76	7656.65	7395.57	7074.11	6870.80	7149.18	6825.19
2007	8071.45	8807.53	7846.25	8460.08	8614.87	7788.53	7447.19	8325.90	7696.60
2008	9243.99	9765.07	8516.64	9160.18	9900.95	8657.54	8491.17	9222.94	8624.40
2009	10095.77	10497.29	9110.36	9809.52	10564.85	9115.80	8992.95	10169.36	9250.63
2010	11292.43	11938.22	9881.28	11172.53	11711.32	9866.55	9687.48	11130.22	10300.56
2011	12731.38	13773.68	11542.44	12668.16	13556.70	11188.33	10853.81	12865.90	11498.73
2012	14153.75	15320.05	12704.77	13802.75	15372.35	12637.76	12219.83	14348.72	13388.43
2013	15315.95	16380.50	13737.37	14743.52	16383.40	14517.38	14043.47	15181.45	15825.17
2014	17161.45	17535.63	15017.07	16093.54	17829.20	15584.83	17077.35	16988.32	17997.41

利用表 5-3 中城镇居民这一时期消费均衡值 C_t^* 与表 4-8 中的有效消

费值 $\hat{C}_t$ 估计式（5.1）。由于效用函数已经假定习惯形成的影响必然存在，习惯存量水平也直接体现在效用函数中，故 C_t^* 即为消费者在均衡时能够对效用起到累积作用的有效消费。通过表 4 - 8 与表 5 - 3 数据发现，省级城镇居民实际有效消费 $\hat{C}_{i,t}$ 与均衡消费 $C_{i,t}^*$ 总体看来差距不大，二者是否在统计上相等还需利用线性回归方法分析后判断。

模型（5.1）中，$C_{i,t}^d$、$Y_{i,t}$ 和 $H_{i,t}$ 三个变量一阶差分序列满足同阶单整。检验结果见表 5 - 4。

表 5 - 4 模型（5.1）自然对数变量平稳性检验（城镇居民）

变量	LCC	P 值	ADF - Fisher Chi^2	P 值	检验类型（c, t, d）	结论
$(C_{i,t}^d)^2$	- 9. 7657	0. 0000	183. 990	0. 0000	（c, t, 1）	平稳
$Y_{i,t}$	- 9. 3967	0. 0000	193. 092	0. 0000	（c, t, 1）	平稳
$H_{i,t}$	- 9. 0847	0. 0000	139. 138	0. 0000	（c, t, 1）	平稳

由表 5 - 4 变量平稳性检验结果显示各变量具有同阶单整性。Johansen Fisher 面板协整检验显示上述三个变量存在协整关系。考虑各截面间存在异方差，模型三种形式的残差平方和分别为 $S_1 = 0.5271$，$S_2 = 0.5730$，$S_3 = 0.5996$，两个 F 统计量分别为 $F_2 = 0.7123$（1.35）[1]，应选择不变系数模型，该模型为联合回归模型。利用普通最小二乘法便可求出参数的一致有效估计，$k_0 = 0.1351$（0.0588）、$k_1 = -0.0010$（0.7708）、$k_2 = -0.0031$（0.4524），括号中数字为对应参数 t 统计量的概率 P 值。由此可以看出，城镇居民两种消费的偏差与收入和习惯存量均无显著关系，说明两种消费的差异不能用收入与习惯形成解释，因而可以认为两消费中来源于收入与习惯形成的影响相同。

5.1.2.2 农村居民两种消费值的线性拟合

同城镇居民相同，利用模型（3.8）与表 5 - 2 农村居民参数估计结果获得省级农村居民各期消费均衡值，数据见表 5 - 5。

---

① 括号中数字为 5% 显著性水平下 F 统计量的临界值（$N = 29$，$T = 18$，$k = 2$）。

表 5 - 5 　　　　　　　　省级农村居民 1997 ~ 2014 年均衡消费值 　　　　　　单位：元

年份	北京	天津	河北	山西	内蒙古	辽宁	吉林	黑龙江	上海	江苏
	C_t^*	C_t^*	C_t^*	C_t^*	C_t^*	C_t^*	C_t^*	C_t^*	C_t^*	C_t^*
1997	2746.34	2118.53	1545.38	1301.52	1601.87	1900.69	1625.26	1683.53	4286.11	2603.50
1998	2991.14	2008.30	1478.18	1236.08	1724.18	2007.28	1804.52	1582.00	4392.32	2584.42
1999	3128.24	2049.49	1374.84	1067.80	1630.71	1724.48	1469.04	1476.75	4333.79	2504.67
2000	3426.44	2067.54	1397.29	1166.11	1615.03	1608.17	1300.68	1420.26	4209.44	2450.92
2001	3757.60	2212.74	1456.06	1201.98	1620.30	1926.42	1688.48	1641.61	4483.60	2526.41
2002	3860.19	2249.30	1501.16	1342.70	1694.87	1934.72	1745.61	1691.84	5018.66	2558.36
2003	3935.67	2340.53	1594.35	1449.83	1836.75	1949.75	1870.28	1775.22	5597.56	2817.26
2004	4539.71	2562.74	1795.47	1621.49	2048.88	2167.08	2159.83	2012.81	6038.87	3054.79
2005	5380.92	2917.79	2013.24	1835.28	2367.46	2347.34	2166.72	2011.07	7295.77	3352.34
2006	5882.32	3333.29	2332.19	2055.98	2683.87	3018.31	2551.58	2704.48	7950.08	3882.29
2007	6460.93	3729.63	2768.20	2544.88	3216.00	3484.11	3049.04	2980.31	8808.93	4573.42
2008	7221.42	4033.56	3119.10	2959.13	3778.51	3951.39	3565.91	3656.97	9988.42	5314.40
2009	7911.36	4249.78	3387.40	3215.88	3846.45	4110.19	3698.04	4060.78	10107.20	5785.42
2010	9812.00	4916.39	3877.87	3697.35	4442.35	4880.19	4553.14	4962.00	11105.20	6597.70
2011	10233.49	5889.31	4547.21	4314.72	5291.00	5378.43	4965.24	5386.21	11829.89	7685.35
2012	12360.34	7340.32	5243.18	5094.46	6179.31	6077.37	5955.80	6031.98	12453.88	8976.62
2013	13215.38	8979.34	5946.60	6070.61	7047.85	6651.40	6736.96	6381.86	13307.93	10021.37
2014	14084.69	10605.85	6784.07	7014.76	8258.58	7534.92	8071.21	7343.33	15286.33	10904.81

年份	浙江	安徽	福建	江西	山东	河南	湖北	湖南	广东	广西
	C_t^*	C_t^*	C_t^*	C_t^*	C_t^*	C_t^*	C_t^*	C_t^*	C_t^*	C_t^*
1997	2924.79	1470.11	2174.73	1741.40	1818.28	1322.13	1821.13	1954.52	2844.49	1550.66
1998	2983.33	1394.41	2148.06	1561.15	1762.46	1359.41	1724.39	1854.73	2714.46	1468.71
1999	3047.57	1396.28	2163.85	1649.24	1713.56	1322.72	1779.08	1990.59	2813.04	1496.62
2000	3095.84	1370.50	2182.47	1653.22	1780.84	1229.03	1665.15	2020.83	2734.02	1369.46
2001	3487.00	1419.49	2514.55	1738.23	1887.28	1401.87	1670.47	2086.56	2805.91	1577.16
2002	3718.64	1501.89	2616.34	1805.45	2022.02	1457.06	1744.84	2118.59	2867.34	1631.76
2003	4043.36	1511.33	2768.64	1923.82	2159.34	1496.80	1855.60	2229.51	2974.67	1769.19

续表

年份	浙江	安徽	福建	江西	山东	河南	湖北	湖南	广东	广西
	C_t^*	C_t^*	C_t^*	C_t^*	C_t^*	C_t^*	C_t^*	C_t^*	C_t^*	C_t^*
2004	4708.41	1871.87	3019.74	2172.84	2396.97	1742.29	2058.86	2446.31	3200.45	1947.59
2005	5198.22	1928.72	3311.93	2355.61	2681.73	1886.07	2262.61	2741.19	3522.49	2113.70
2006	5929.05	2411.79	3587.72	2711.44	3012.55	2131.61	2651.90	2988.10	4002.56	2560.53
2007	6732.98	2830.23	4063.85	3094.56	3532.25	2571.48	3146.12	3465.29	4319.89	2791.61
2008	7609.68	3230.25	4588.13	3487.80	4063.95	3037.19	3584.24	3920.67	4835.67	3184.11
2009	8150.69	3492.73	4994.08	3598.63	4420.79	3274.54	3932.59	4163.89	5243.38	3251.73
2010	8790.12	4202.54	5542.55	4031.49	5032.93	3868.13	4314.97	4611.28	5718.68	3689.63
2011	10278.96	4695.06	6457.35	4626.71	5716.39	4376.09	4857.69	5055.63	6538.79	3987.52
2012	11063.35	5591.02	7346.11	5234.67	6585.66	4892.85	5621.72	5807.70	7467.67	4785.53
2013	11875.11	6176.20	8192.27	5714.80	7463.94	5579.62	6358.18	6497.44	8177.47	5460.40
2014	14004.05	6955.58	9145.37	6479.46	8209.71	6485.89	7539.21	7761.09	8800.80	6505.02

年份	海南	四川	贵州	云南	陕西	甘肃	青海	宁夏	新疆
	C_t^*	C_t^*	C_t^*	C_t^*	C_t^*	C_t^*	C_t^*	C_t^*	C_t^*
1997	1408.97	1557.12	1114.87	1354.21	1212.19	1094.77	1198.74	1354.19	1525.92
1998	1359.36	1540.41	1125.58	1342.40	1334.66	1166.75	1192.61	1431.75	1472.61
1999	1321.41	1522.10	1151.77	1396.03	1250.56	957.98	1182.26	1381.03	1385.67
2000	1345.54	1516.78	1114.43	1354.04	1195.02	963.11	1181.33	1289.14	1448.17
2001	1506.63	1590.12	1161.42	1360.83	1316.75	1149.35	1289.85	1516.76	1367.97
2002	1496.32	1626.57	1186.69	1426.36	1435.55	1191.56	1431.93	1486.92	1493.27
2003	1722.58	1715.94	1223.26	1482.04	1578.37	1247.84	1512.05	1554.88	1599.85
2004	1801.53	1974.24	1327.97	1580.92	1650.85	1479.63	1724.03	1851.91	1593.88
2005	1908.33	2226.91	1434.13	1740.16	1809.86	1568.77	1858.71	2056.20	1865.83
2006	2150.03	2427.76	1634.40	1959.61	2057.99	1932.94	2157.54	2292.06	2097.74
2007	2569.61	2824.88	1930.17	2494.10	2489.74	2030.48	2460.80	2598.53	2363.15
2008	2954.21	3197.37	2259.99	3017.69	2977.58	2398.23	2825.93	2954.57	2627.56
2009	3129.86	3385.55	2333.24	3225.96	3242.91	2635.97	3191.44	3386.55	2994.27
2010	3461.82	4541.29	2768.04	3466.17	3939.62	3132.32	3700.02	3841.05	3516.21

续表

年份	海南	四川	贵州	云南	陕西	甘肃	青海	宁夏	新疆
	C_t^*	C_t^*	C_t^*	C_t^*	C_t^*	C_t^*	C_t^*	C_t^*	C_t^*
2011	4190.00	4668.63	3317.40	4048.79	4574.28	3364.67	4443.30	4600.40	4022.48
2012	4742.20	5377.26	3859.27	4502.37	5083.29	4160.54	5176.55	5304.14	5025.16
2013	5305.99	5947.36	4374.44	5092.76	5705.35	4615.40	6033.91	5949.85	5883.92
2014	6358.42	7254.72	5606.05	5704.43	6829.08	5792.22	6980.19	7605.18	6805.45

由于农村居民这一时期消费的均衡值均大于其实际有效值，故利用二者之间的差值 $C_{i,t}^d$（$C_{i,t}^d = C_{i,t}^* - \tilde{C}_{i,t}$）作为模型（5.1）的被解释变量，其余部分相同。将表4–14与表5–5数据利用模型（5.1）进行线性拟合，检验二者统计上的一致性。$C_{i,t}^d$、Y 和 H 的自然对数变量 $\ln C_{i,t}^d$、$\ln Y$ 和 $\ln H$ 均满足一阶差分单整，并具有协整关系。截面随机效应豪斯曼检验概率 P 值为 0.0002，选用固定效应模型。面板数据模型设定三种形式的残差平方和分别为 $S_1 = 0.2500$、$S_2 = 0.2587$、$S_3 = 0.3551$，两个 F 统计量分别为 $F_2 = 2.487$、$F_1 = 0.216$，因此对于农村居民，模型应选用固定效应变截距形式。表5–6给出了参数估计结果。

表5–6　　　　　　　农村居民两种消费一致性检验参数估计结果

参数	参数值	t 统计量 P 值
k_1	0.3514	0.0792
k_2	0.6721	0.0017

参数 k_1、k_2 估计结果显示，农村居民消费均衡值与实际有效消费值的偏差仍要受到收入与习惯存量的显著影响，实际有效消费值明显偏离效用最大化时的均衡值，因而两种消费值不具有本书研究范围内的统计上的一致性。

5.2 城乡居民消费偏好外在阶段一致性 检验——广义矩估计法

依据对模型主要参数 θ 所赋予的经济含义，θ 的变化可以用来描述个体消费偏好的变动情况。由于偏好会依据外部经济环境调整，故消费者效用最大化的实现要考虑每个习惯形成时期累积的习惯存量，因而就整个生命周期来看消费者是短视的。消费者要适当依据自己的过去来决定当期消费选择，而滞后消费期数要依据消费习惯存量比例系数 θ 的大小来决定。θ 越大，习惯形成的时间长度越短，当期消费受到较少期滞后消费的影响，习惯形成越不久远；反之 θ 越小，则习惯形成更为久远。由于习惯形成影响下的当期消费只受到过去有限一段时期内消费的影响，所以个体在某时期的偏好一致性很有可能得到保证。具体来看，个体选择当期消费水平以使得当期效用最大化，实际上也是综合一段时期以来习惯形成的考虑，至于追溯到以往几期的消费，主要依赖 θ 的大小，理论上体现在 $(1-\theta)^i (i=1, 2, \cdots, T)$ 在滞后几期为 0 或近似为 0，即习惯形成的时间长度 p，因而习惯存量比例系数决定着当期消费受多少期滞后消费的影响。

考察 θ 的逐年变动，选择研究期限内的一段时间作为第 1 期，以估计参数 θ，而后逐次增加一年，重新估算 θ 值，直至研究期限内的最后一年，根据 θ 数值的总体变动趋势验证偏好外在阶段一致性假设是否成立。中国居民平均消费倾向在 2002 以后开始出现明显下降，故以 1995～2002 年为第 1 时期，利用这一时期经济数据估算参数 θ，记为 θ_1，而后逐渐增加一年，直至 2014 年。即利用 1995～2003 年经济数据估算的 θ 记为 θ_2，以此类推，使用 1995～2014 年经济数据估计的 θ 值记为 θ_{13}，共计 13 个时期。通过上述 θ 值的变动趋势，结合第 2 章对"偏好外在阶段一致性"所做的规定，考察居民偏好在受到外界冲击时是否可以保持阶段一致。

本章将利用两种方法考察城乡居民消费偏好一致性状况，一是延用之前所使用的面板数据模型和系统广义矩估计方法估算习惯存量比例系数 θ，二是在第 5.3 节使用年度相关经济数据，运用折息递推最小二乘方法估计该参数，两种方法综合比较得出城乡居民偏好是否具有一致性的结论。

5.2.1 城镇居民消费偏好一致性检验——系统广义矩估计法

利用 1995~2014 年城镇居民各省份相关经济数据估计习惯存量比例系数 θ 的逐期变化值，$\theta_1 \sim \theta_{13}$ 估计结果见表 5-7。表中数据显示，θ_1 较小，而 $\theta_2 \sim \theta_3$、$\theta_4 \sim \theta_7$、$\theta_8 \sim \theta_{10}$、$\theta_{11} \sim \theta_{13}$ 较为接近，各阶段 θ 值较为稳定，也就是习惯存量比例系数 θ 具有较明显一致性的是 2003~2004 年，2005~2008 年，2009~2011 年以及 2012~2014 年，其中 2003~2004 年以及 2009~2011 年的 θ 水平比较接近。

表 5-7　　　　　　　　城镇居民习惯存量比例系数逐年估计结果

时期	θ_i	θ 值	λ_1	λ_2	AR(1)	AR(2)	P_{sargan}	P_{wald}
1995~2002 年	θ_1	0.499	-0.1006	-0.0504	0.0014	0.5448	0.3347	0.0000
1995~2003 年	θ_2	0.556	-0.2251	-0.0999	0.0004	0.2123	0.1168	0.0000
1995~2004 年	θ_3	0.567	-0.2196	-0.0951	0.0005	0.1545	0.2225	0.0000
1995~2005 年	θ_4	0.638	-0.2065	-0.0748	0.0003	0.1017	0.3712	0.0000
1995~2006 年	θ_5	0.637	-0.2141	-0.0777	0.0003	0.1032	0.5404	0.0000
1995~2007 年	θ_6	0.632	-0.2161	-0.0795	0.0002	0.1806	0.7523	0.0000
1995~2008 年	θ_7	0.629	-0.186	-0.069	0.0002	0.1873	0.9095	0.0000
1995~2009 年	θ_8	0.552	-0.2307	-0.1034	0.0002	0.1175	0.9672	0.0000
1995~2010 年	θ_9	0.534	-0.2323	-0.1083	0.0002	0.1390	0.9877	0.0000
1995~2011 年	θ_{10}	0.502	-0.1973	-0.0983	0.0001	0.1063	0.9972	0.0000
1995~2012 年	θ_{11}	0.633	-0.1458	-0.0535	0.0001	0.1893	0.9992	0.0000
1995~2013 年	θ_{12}	0.635	-0.2283	-0.0833	0.0000	0.1699	0.9998	0.0000
1995~2014 年	θ_{13}	0.595	-0.2003	-0.0812	0.0000	0.1460	0.9997	0.0000

结合实际经济状况，表 5-7 的参数估计结果与现实比较吻合：20 世纪

90 年代后期，不确定性逐渐显现，城镇居民开始出现后顾之忧，消费谨慎动机随之增强，与之相伴随的是较小的习惯存量比例系数，习惯存量较大，表现为上述 1995 ~ 2002 年的第 1 时期。21 世纪后的几年中，不确定性虽然更多的显现，但居民已经开始适应相对多变的经济环境，对于宏观经济政策导向的把握以及经济问题、经济现象的分析能力与消费技能不断增强。随着人们渐强的适应性，不确定性成为居民经济生活的一部分且人们已形成需学会与之共存的思想意识，习惯形成累积长度减小，习惯存量比例系数有所增加，表现为 2003 ~ 2008 年。2008 年以后，居民习惯存量比例系数又出现下降趋势，说明人们消费谨慎程度增加，习惯存量增大。可能的原因之一是：2007 年、2008 年这两年，由美国次贷危机引发的全球性经济危机为中国居民带来了更多的不确定性，物价频繁上扬，经济增长缓慢，失业问题凸显，这一系列影响都促使中国居民采取更为谨慎的消费行为，因而随后的三年中（2009 ~ 2011 年）居民习惯存量比例系数降低，习惯形成的时间长度加大，习惯形成有所增强，效用损失较多。这以后，政府采取有效措施进行有针对性的治理，医疗、养老等保险制度逐渐完善，居民收入增幅明显等，居民习惯形成有所减弱，习惯存量比例系数开始增加，习惯存量减少。图 5 - 1 描述了这一时期城镇居民消费习惯存量比例系数的逐年变化，图中虚线为变动趋势线，从图中曲线走势可以看出城镇居民习惯存量具有阶段稳定性，因而满足本研究所设定的偏好外在阶段一致性假设。

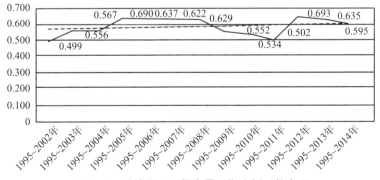

图 5 - 1 城镇居民习惯存量逐期比例系数水平

5.2.2　农村居民消费偏好一致性检验——差分广义矩估计

与城镇居民偏好外在阶段性分析一样，以 1995～2002 年数据估计的习惯存量比例系数作为 θ_1，而后每次递增一年，直到 2014 年为止，各期习惯存量比例系数估计结果见表 5－8。根据模型与数据要求，本部分使用差分广义矩估计方法估计参数①。

表 5－8　　　　　　　　农村居民习惯存量比例系数逐年估计结果

时期	θ_i	θ 值	φ_2	φ_3	AR(1)	AR(2)	P_{sargan}	P_{wald}
1995～2002 年	θ_1	0.345	−0.1639	−0.1074	0.0167	0.6474	0.0801	0.0010
1995～2003 年	θ_2	0.357	−0.2007	−0.1290	0.0261	0.8552	0.1534	0.0000
1995～2004 年	θ_3	0.543	−0.2950	−0.1349	0.0324	0.9554	0.1016	0.0000
1995～2005 年	θ_4	0.430	−0.2985	−0.1701	0.0390	0.9002	0.0740	0.0000
1995～2006 年	θ_5	0.273	−0.1801	−0.1309	0.0045	0.8334	0.1415	0.0000
1995～2007 年	θ_6	0.315	−0.1985	−0.1359	0.0053	0.9888	0.2422	0.0000
1995～2008 年	θ_7	0.114	−0.1571	−0.1392	0.0054	0.7817	0.3979	0.0000
1995－～2009 年	θ_8	0.097	−0.1551	−0.1400	0.0067	0.7151	0.5672	0.0000
1995～2010 年	θ_9	0.150	−0.1332	−0.1132	0.0028	0.6852	0.7467	0.0000
1995～2011 年	θ_{10}	0.515	−0.2782	−0.1349	0.0045	0.9333	0.8585	0.0000
1995～2012 年	θ_{11}	0.446	−0.2677	−0.1484	0.0038	0.4753	0.9265	0.0000
1995～2013 年	θ_{12}	0.481	−0.2400	−0.1246	0.0032	0.6214	0.9427	0.0000
1995～2014 年	θ_{13}	0.501	−0.3141	−0.1566	0.0006	0.451	1.0000	0.0000

表 5－8 中农村居民各期消费习惯存量比例系数 θ_i 波动频繁，图 5－2 曲线描述了这一系数的逐期变动情况，图中虚线为数值变化趋势线。总的来看，农村居民习惯存量比例系数 2004～2010 年持续走低，消费习惯形成更久远，

---

①　一方面，无法确定 $\{\Delta \ln c_{i,t-1}, \Delta \ln c_{i,t-2}\}$ 与个体效应无关；另一方面，利用系统广义矩估计法得出参数计算的习惯存量比例系数不符合经济含义。

尤其 2008～2010 年，在世界经济危机影响的波及下，物价波动频繁，利率等货币政策多变，失业问题凸显等不确定因素增多，较强的习惯形成成为农村居民规避经济风险的重要手段，农村居民消费表现得更加谨慎。而后的年份中，农村居民习惯形成明显缓解，习惯存量比例系数有较大幅度的提升，但仍显著低于城镇居民，农村居民习惯形成具有更长的时间长度，习惯形成也更强。从 θ 各期值的变化趋势上看，并不满足"偏好外在阶段一致性"假设，中国农村居民在面对各种冲击时，受外界的干扰更多，难以作出较为合理的预期，偏好多变且不稳定，除了保持较强消费习惯很难作出有效的应对。

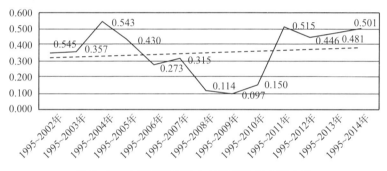

图 5 – 2　农村居民习惯存量逐期比例系数水平

综上所述，依据广义矩估计法城镇居民消费满足偏好外在阶段一致性假设，而农村居民偏好明显不具有阶段一致性特征，加之农村居民实际有效消费与消费者效用最大化时的均衡消费在统计上不相等（见第 5.1.2 节），由此，农村居民不具有习惯形成下的消费理性，而城镇居民恰相反，消费满足本书所界定的习惯形成下的理性。

5.3　城乡居民消费偏好外在阶段一致性的再检验——折息递推最小二乘法

为细致考察各省份城乡居民习惯形成依据偏好调整的一致性以及动态变化趋势，本节使用折息递推最小二乘方法估计系统参数。

5.3.1　折息递推最小二乘（DRLS）

递推算法是依时间顺序，每获得一次新的观测数据就修正一次参数估计值，随着时间的推移便能获得较为满意的辨识结果。折息递推最小二乘法（DRLS）是一种时变过程的参数辨识方法，它是加权法与遗忘因子法的综合，既可以获得加权法下的系统平均特性，又具有遗忘因子法对系统进行实时跟踪的能力。式（5.2）描述了折息因子与加权因子、遗忘因子之间的关系。其中，$\mu(k)$ 代表时变的遗忘因子，对所有的时刻 k 满足 $0 < \mu(k) \leqslant 1$，$\Lambda(k)$ 为加权因子，$\Gamma(k, i)$ 表示 k 时刻的折息因子，它与 i 时刻的加权因子有关，i 越小，影响折息因子的加权因子离 k 时刻的距离越远。

$$\begin{cases} \Gamma(k, i) = \mu(k)\Gamma(k-1, i) \\ \qquad\qquad \Delta \\ \Gamma(k, k) = \Lambda(k) \end{cases} \tag{5.2}$$

由差分方程式（5.2）可得折息因子与加权因子、遗忘因子的解析关系：

$$\Gamma(k, i) = \Big[\prod_{j=i+1}^{k} \mu(j) \Big] \Lambda(i) \tag{5.3}$$

定义准则函数：

$$J(\theta) = \sum_{k=1}^{L} \Gamma(L, k)[z(k) - h^{\tau}(k)\theta]^2 \tag{5.4}$$

利用最小二乘极小化 $J(\theta)$ 可得折息法的一次完成算法为：$\hat{\theta}_d = (H_L^{\tau}\Gamma_L H_L)^{-1} H_L^{\tau}\Gamma_L z_L$，折息阵 Γ_L 为：

$$\Gamma_L = \begin{bmatrix} \Gamma(L, 1) & & O \\ & \ddots & \\ O & & \Gamma(L, L) \end{bmatrix} \tag{5.5}$$

由此折息法的递推形式如下：

$$\hat{\theta}(k) = \hat{\theta}(k-1) + K(k)[z(k) - h^{\tau}(k)\hat{\theta}(k-1)]$$

$$K(k) = P(k-1)h(k)\Big[h^{\tau}(k)P(k-1)h(k) + \frac{\mu(k)}{\Lambda(k)} \Big]^{-1}$$

$$P(k) = \frac{1}{\mu(k)}[I - K(k)h^{\tau}(k)]P(k-1) \tag{5.6}$$

就本书包含习惯形成的计量模型（3.8），递推形式中的 $z(k)$ 为 $z(k) = \Delta lnc_{i,k}$，并由所有时刻的 $z(k)$ 构成向量矩阵 $Z = [z(1), z(2), \cdots, z(k), \cdots, z(L)]^{\tau}_{L \times 1}$。

向量 $h^{\tau}(k) = [1, \Delta lny_{i,k}, \Delta lnc_{i,k-1}, \Delta lnc_{i,k-2}]$，$H = [h^{\tau}(1), h^{\tau}(2), \cdots, h^{\tau}(k), \cdots, h^{\tau}(L)]^{\tau}_{L \times 4}$ 为 $h^{\tau}(k)$ 构成的系数矩阵。

5.3.2 变量、折息因子的选择与 MATLAB 仿真程序

5.3.2.1 变量、数据及折息因子的选择

此部分运用城乡居民消费年度相关经济数据，模型（3.8）为仿真模型，个体消费与收入变量选择城乡居民家庭人均现金消费支出和家庭人均可支配收入，数据年限为 1995～2014 年，数据来源为各年《中国统计年鉴》。为适应递推最小二乘估计的要求，采用蒋诗和石建飞（2017）[1] 做法，使用 Eviews 低频到高频转换方法（quadratic-match sum）将年度数据转换为月度数据，样本容量 240。

折息因子来源于加权因子 $\Lambda(k)$ 与遗忘因子 $\mu(k)$。对于 $\Lambda(k)$，考虑到经济现象的惯性，我们利用过去数据信息量加以度量（$h^{\tau}(k)h(k) \neq 0$）：

$$\Lambda(k) = \frac{h^{\tau}(k)P(k-1)h(k)}{h^{\tau}(k)h(k)} \qquad (5.7)$$

对于遗忘因子 $\mu(k)$，参照吕朝凤和黄海波（2011）做法，令 $\mu(k) = 0.985$。遗忘因子反映个体偏好，它与个体跨期主观偏好率之间呈反向变化关系：遗忘因子越大，个体跨期主观偏好率越小，意味着个体越关注未来；相反，若遗忘因子越小，个体跨期主观偏好率越大，个体对未来越不关注。

5.3.2.2 Matlab 仿真程序

对模型（3.8）中变量进行定义，令 $dlc = \Delta lnc_t$，$dlc1 = \Delta lnc_{t-1}$，$dlxc1 =$

---

[1] 蒋诗和石建飞（2017）运用折息递推最小二乘方法，结合转换后的月度数据验证了中国农村居民消费内、外习惯形成效应，习惯形成强度年均值分别为 0.1632 和 0.0846，时变参数结果显示不确定性强化了农村居民习惯形成。

$\Delta \ln c_{t-2}$，$dly = \Delta \ln y_t$，u 为常遗忘因子 $\mu(k) = 0.985$，b 为变加权因子 $\Lambda(k)$。

Matlab 的 m 文件程序为：

```
01   n = 240;
02   Dnc = evalin('base','dlc');
03   Dnc1 = evalin('base','dlc1');
04   Dxc1 = evalin('base','dlxc1');
05   Dyn = evalin('base','dly');
06   q = ones(n,1);
07   h = zeros(1,n);
08       P = 30000 * eye(4);
09       Pstore = zeros(4,n-2);
10       Pstore(:,1) = ([P(1,1),P(2,2),P(3,3),P(4,4)];
11       Gama(:,1) = [0.001;0.001;0.001;0.001];
12       K = [1;1;1;1];
13       u = 0.985;
14   for i = 2:n
15       h = [q(i-1);Dyn(i-1);Dnc1(i-1);Dxc1(i-1)];
16       b = h'*P*h/(h'*h);
17       K = P*h/(h'*P*h+u/b);
18   Gama(:,i) = Gama(:,i-1) + K*(Dnc(i) - h'*Gama(:,i-1));
19       P = (eye(4) - K*h')*P/u;
20       Pstore(:,i-1) = [P(1,1),P(2,2),P(3,3),P(4,4)];
21   end
22   Gama(:,n)
23   i = 1:n;
24   figure(1)
25   plot(i,Gama(2,:))
26   figure(2)
27   plot(i,Gama(3,:))
28   figure(3)
```

```
29   plot(i,Gama(4,:))
30   end
```

5.3.3 省级城镇居民消费偏好的外在阶段一致性

运用折息递推最小二乘（DRLS）方法与上述 Matlab 仿真程序，结合 29 个省份城镇居民当期消费、滞后一期消费、滞后两期消费与当期收入的一阶差分变量对模型（3.8）进行参数估计，并利用各参数估计值估算各时期习惯存量比例系数，考察习惯存量比例系数的动态变化趋势。图 5-3 描绘了 29 个省份城镇居民消费习惯存量比例系数变化趋势。对仿真模型式（3.8）的残差序列进行单位根检验，发现满足平稳性。然而，以月度数据估算的折息递推最小二乘参数的跟踪过程显示某时期习惯存量比例系数 θ 不在 [0，1] 范围内，一方面，可将大于 1 的参数值看成是 1，而小于 0 为负的参数值看成 0，另一方面，由于这样的时期数量较少故可以忽略。

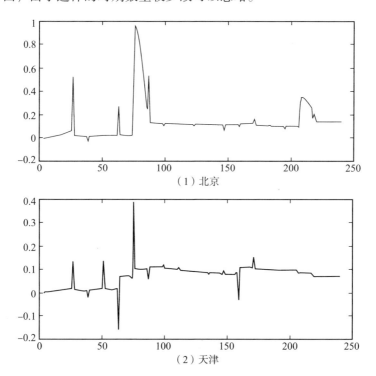

（1）北京

（2）天津

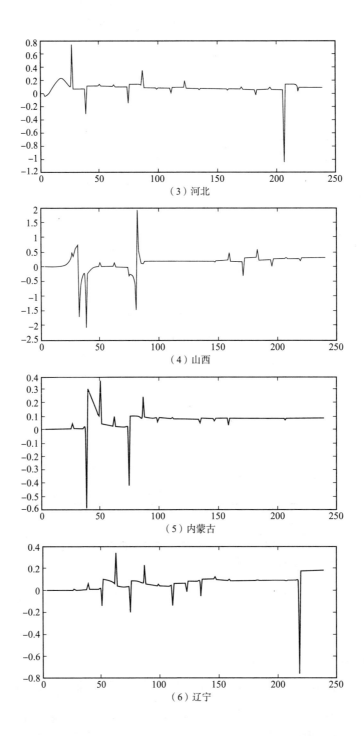

（3）河北

（4）山西

（5）内蒙古

（6）辽宁

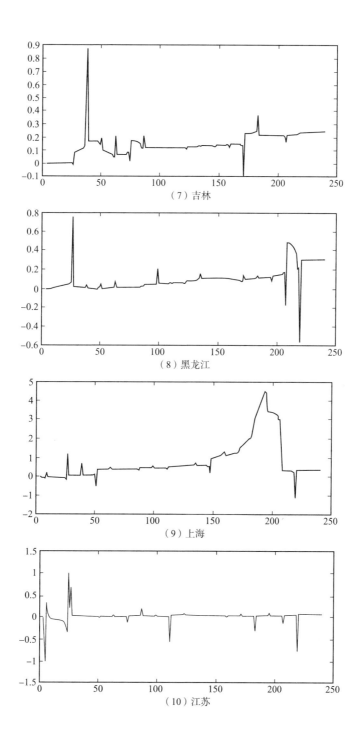

（7）吉林

（8）黑龙江

（9）上海

（10）江苏

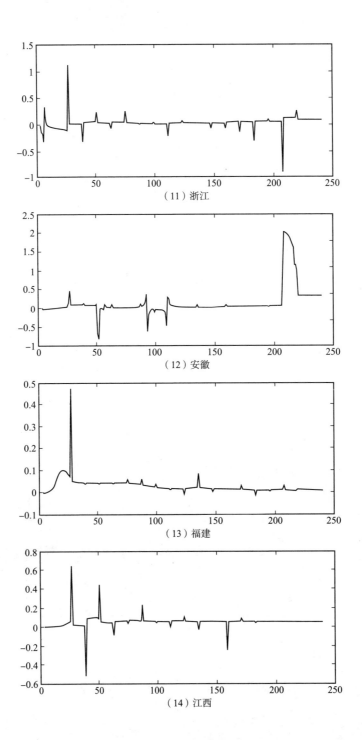

（11）浙江

（12）安徽

（13）福建

（14）江西

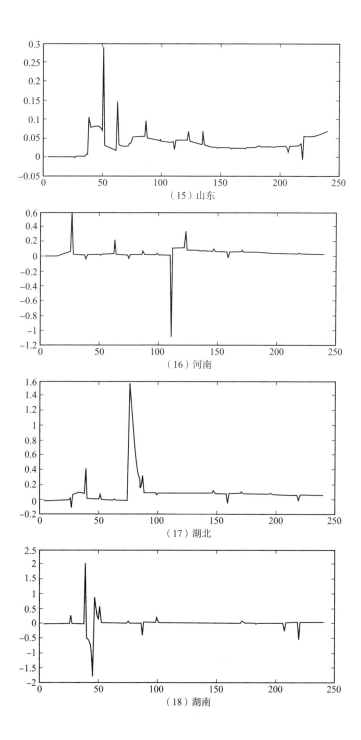

（15）山东

（16）河南

（17）湖北

（18）湖南

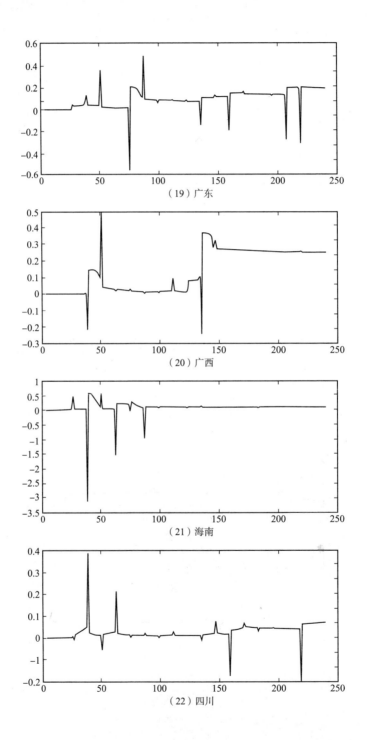

（19）广东

（20）广西

（21）海南

（22）四川

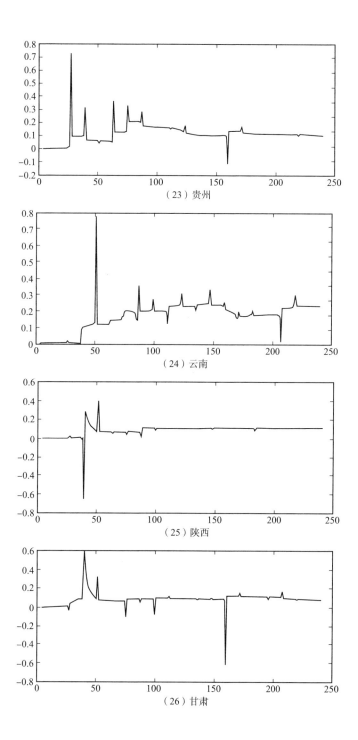

（23）贵州

（24）云南

（25）陕西

（26）甘肃

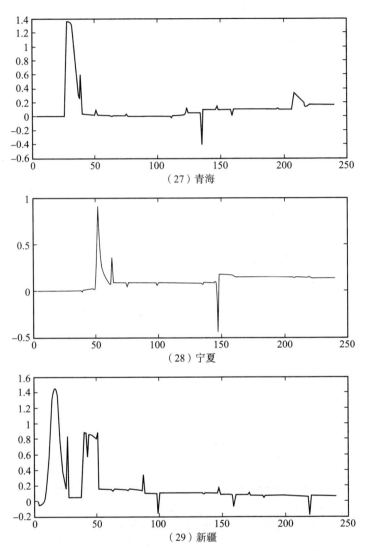

（27）青海

（28）宁夏

（29）新疆

图 5 - 3　省级城镇居民消费习惯存量比例系数变化趋势

　　图 5 - 3 参数仿真跟踪结果表明，1995～2014 年，居民收入、习惯形成对消费均具显著影响。从图 5 - 3 中各省份曲线形状可以看出，绝大多数省份城镇居民习惯存量比例系数 θ 具有一定的阶段稳定性，但均缺乏整个时期的一致性。天津、吉林、黑龙江、山东、广东、贵州、云南 7 个省份城镇居民消费习惯存量比例系数阶段稳定性较差，相比其他省份的城镇居民偏好外在

阶段一致性水平不高；而河北、内蒙古、江苏、浙江、江西、湖北、湖南、广西、陕西、甘肃与宁夏 11 个省份的城镇居民偏好外在阶段一致性明显，习惯存量比例系数具有较长时期的稳定性；其他 11 个省份的城镇居民消费偏好也存在外在阶段稳定性时期，只是这一时期较短。

将反映消费偏好变化的各省份习惯形成参数相对明显的平稳时期（1 年以上）以及习惯形成比例系数阶段平均值与总平均值列表如表 5 - 9 所示。除山东、云南城镇居民消费偏好不存在明显的阶段一致性，其他省份城镇居民消费偏好均在不同时期保持一定的阶段稳定性。北京、内蒙古、江西、湖北、湖南以及陕西的城镇居民消费偏好存在 10 年以上的稳定期，习惯形成较久远。表 5 - 9 中数据显示一个明显的现象，即稳定偏好开始调整绝大多数集中在一年的 4 月份，正所谓"一年之计在于春"，春季是人们在经历了寒冬后对生活充满更多热情，更乐意作出改变的时期，政策调控在这一时间前后改善消费者偏好、缓解习惯形成效果会较好。

表 5 - 9　　省级城镇居民消费偏好阶段平稳时期与习惯存量比例系数 θ 平均值

省份	偏好稳定期 （θ 的阶段平均值）			习惯存量比例系数 θ 的总体平均值
北京 *	1997/4 ~ 2001/3 （0.029）	2002/1 ~ 2012/6 （0.125）		0.125
天津	2001/4 ~ 2008/2 （0.096）	2009/2 ~ 2014/12 （0.091）		0.072
河北	1998/4 ~ 2012/2 （0.1119）	2012/4 ~ 2013/2 （0.1349）	2013/4 ~ 2014/12 （0.089）	0.085
山西	2002/1 ~ 2009/2 （0.184）	2011/4 ~ 2014/2 （0.283）		0.160
内蒙古 *	2001/4 ~ 2014/12 （0.083）			0.067
辽宁	2007/4 ~ 2013/2 （0.088）			0.064
吉林	2001/4 ~ 2009/1 （0.135）			0.144

续表

省份	偏好稳定期 (θ 的阶段平均值)			习惯存量比例系数 θ 的总体平均值
黑龙江	2006/4 ~ 2008/9 (0.108)	2009/4 ~ 2011/2 (0.112)		0.097
上海	1999/4 ~ 2002/3 (0.368)	2002/4 ~ 2004/2 (0.439)	2004/4 ~ 2007/2 (0.546)	0.766
江苏	2001/4 ~ 2003/3 (0.041)	2004/4 ~ 2008/2 (0.044)	2013/4 ~ 2014/12 (0.072)	0.024
浙江	2001/6 ~ 2008/2 (0.024)	2012/4 ~ 2014/12 (0.110)		0.035
安徽	2004/4 ~ 2012/2 (0.039)			0.193
福建	1997/4 ~ 2002/3 (0.041)			0.026
江西*	2000/4 ~ 2014/12 (0.053)			0.049
山东	不存在明显的阶段一致性			0.033
河南	1998/4 ~ 2004/2 (0.027)	2008/6 ~ 2014/12 (0.045)		0.040
湖北*	1998/4 ~ 2000/8 (0.015)	2002/4 ~ 2014/12 (0.086)		0.101
湖南*	1999/4 ~ 2006/3 (0.035)	2006/4 ~ 2012/2 (0.026)	2012/4 ~ 2014/12 (0.042)	0.023
广东	2003/4 ~ 2006/2 (0.081)	2006/4 ~ 2008/2 (0.115)	2008/4 ~ 2012/2 (0.143)	0.094
	2013/4 ~ 2014/12 (0.204)			
广西	1999/4 ~ 2006/2 (0.027)	2007/4 ~ 2014/12 (0.256)		0.132
海南	2002/4 ~ 2014/12 (0.104)			0.087

续表

省份	偏好稳定期 (θ 的阶段平均值)			习惯存量比例系数 θ 的总体平均值
四川	1999/4 ~ 20026/2 (0.016)	2008/4 ~ 2013/2 (0.043)	2013/4 ~ 2014/12 (0.066)	0.026
贵州	2002/4 ~ 2008/2 (0.133)	2008/4 ~ 2014/12 (0.117)		0.113
云南	不存在明显的阶段一致性			0.170
陕西 *	2002/4 ~ 2014/12 (0.109)			0.085
甘肃	1999/1 ~ 2008/2 (0.079)	2008/4 ~ 2012/3 (0.111)	2012/4 ~ 2014/12 (0.081)	0.080
青海	2000/4 ~ 2005/2 (0.006)	2006/4 ~ 2012/2 (0.095)	2013/4 ~ 2014/12 (0.163)	0.110
宁夏	2000/4 ~ 2007/2 (0.086)	2008/4 ~ 2014/12 (0.145)		0.103
新疆	1999/4 ~ 2002/2 (0.150)	2003/4 ~ 2006/12 (0.107)	2008/4 ~ 2014/12 (0.063)	0.179

注:"＊"表示对应省份城镇居民消费偏好存在 10 年以上的稳定期;括号中的数据为对应时期参数 θ 的平均值。

　　相比广义矩估计法,利用转换的月度数据,使用折息递推最小二乘方法(DRLS)估计的绝大多数省份城镇居民消费习惯存量比利系数平均值较小,说明总体上我国城镇居民消费习惯形成的时间长度大,仍可能存在明显的习惯形成。第 5 章与第 4 章就这一参数的估计都表明习惯存量比例系数明显不为 1,因而在相关研究中比例系数为 1 的习惯存量简化形式并不贴合实际,也即仅使用滞后一期消费并不能较好反映消费者的习惯形成状况,故以此估计得到习惯形成效应除统计上原因外还会存在其他偏差。

　　就年平均情况看,29 个省份中只有上海习惯形成比例系数较大为 0.766,其他省份这一参数均在 0.2 以下,对比来看,上海城镇居民习惯形成明显不强,消费谨慎性较弱,消费更易于随偏好变化进行调整,变化后的偏好易于得到满足,效用损失较少。从表 5-9 统计来看,上海城镇居民习惯形成期较短,偏好外在阶段稳定期一般为 2~3 年。而江苏、福建、湖南、四川城镇居民消费习惯存量比例系数都不足0.03，偏好不易于依据外部条件的变化及时调整，居民满足程度偏低，习惯形成较为久远。这些地区城镇居民消费偏好外在阶段稳定期时间长度存在较大变化，短期在1年以上，而较长时期达6~7年。

综上所述，大多数省份城镇居民消费偏好在这20年中具有外在阶段一致性，与农村居民相比是否如第4章获得的城镇居民较为理性的结论一致还要依据折息递推最小二乘方法下的省级农村居民偏好外在一致性情况。

5.3.4　省级农村居民消费偏好的外在阶段一致性

与城镇居民一样运用Eviews低频到高频转换方法（quadratic-match sum）将模型（3.8）中的各一阶差分变量年度数据序列转换成月度数据序列，每一省份样本容量为240。图5-4描绘了29个省份农村居民消费习惯存量比例系数变化趋势。

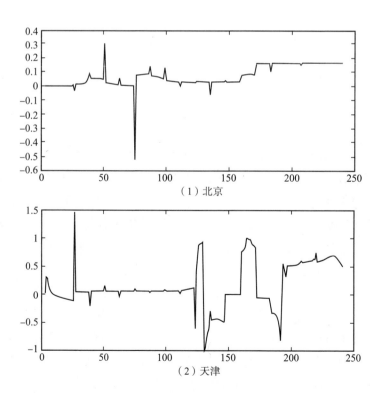

（1）北京

（2）天津

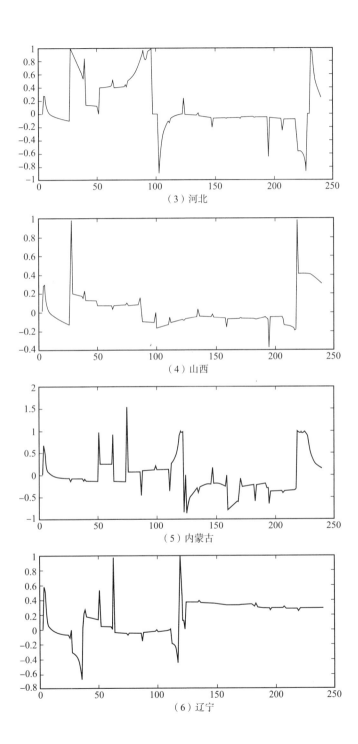

（3）河北

（4）山西

（5）内蒙古

（6）辽宁

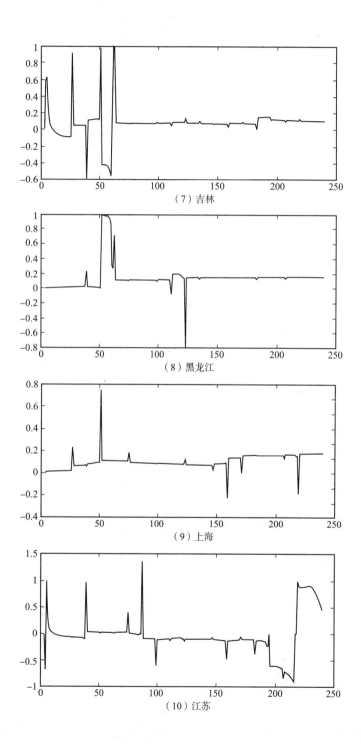

（7）吉林

（8）黑龙江

（9）上海

（10）江苏

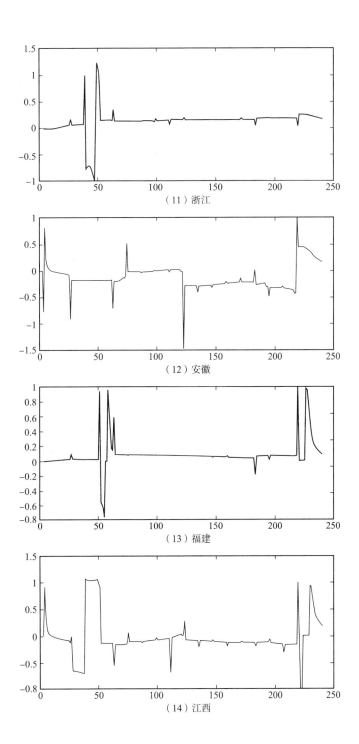

（11）浙江

（12）安徽

（13）福建

（14）江西

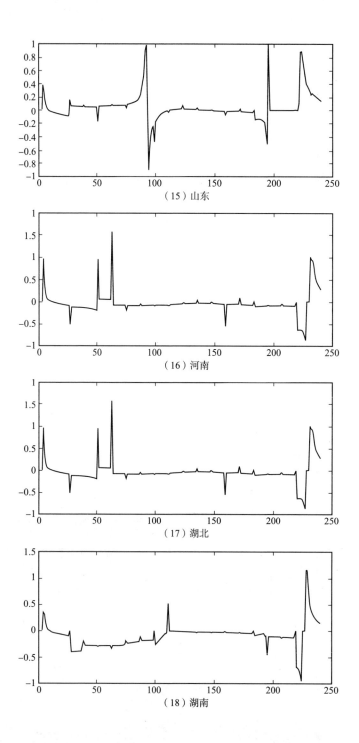

（15）山东

（16）河南

（17）湖北

（18）湖南

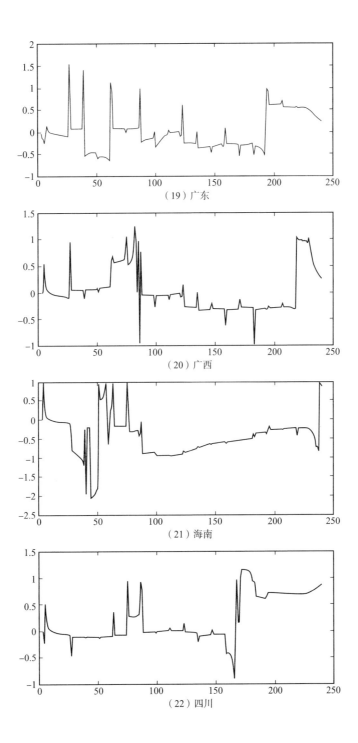

（19）广东

（20）广西

（21）海南

（22）四川

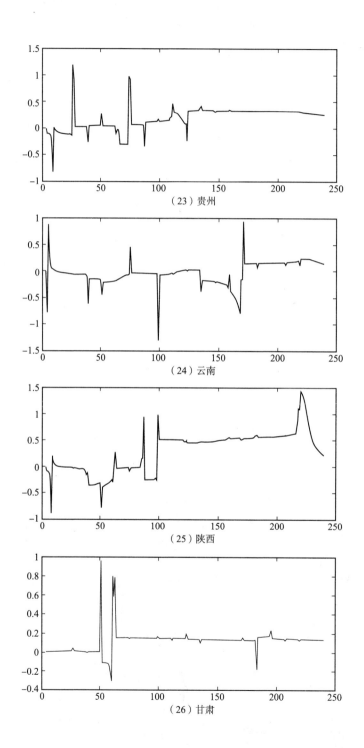

（23）贵州

（24）云南

（25）陕西

（26）甘肃

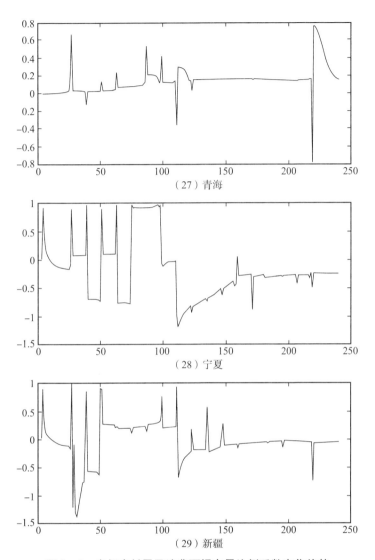

（27）青海

（28）宁夏

（29）新疆

图5-4　省级农村居民消费可提存量比例系数变化趋势

从图5-4可以看出，相比城镇居民，各省份农村居民偏好稳定性明显较差，大多数省份习惯存量比例系数波动频繁且波幅较大。就整个时期来看，明显不具阶段一致性的有山西、内蒙古、江西、广东、广西、海南、四川、云南、陕西、宁夏和新疆11个省份；而偏好稳定期较短的有北京、天津、河北、辽宁、江苏、安徽、山东、湖南、贵州与青海10个省份；其他8个省份相比来看偏好外在阶段一致性较好。

　　同样，将反映消费偏好变化各省份一年以上习惯形成参数相对明显的平稳时期以及习惯形成比例系数阶段平均值与总平均值列表如表 5 - 10 所示，为便于比较，将为负的习惯形成参数值具体列出（小于零的可以按零处理）。消费偏好形成 10 年以上稳定期的只有甘肃，其次为黑龙江农村居民偏好存在 9 年的稳定期，而上海、贵州、青海分别有 8 年的稳定期，其他省份农村居民习惯形成稳定期较短，均在 6~7 年以下，而存在较长稳定期的这几个省份农村居民的习惯存量比例系数也处于较高水平，说明习惯依据偏好调整的能力较强。就超过两个稳定期以上的省份农村居民习惯形成参数阶段平均值来看，习惯形成比例系数 θ 逐渐增大的有北京、吉林、黑龙江、上海、浙江，习惯形成比例系数 θ 逐渐减小的有辽宁、江苏、福建、山东、河南、湖北和湖南。比例系数 θ 逐渐增大说明居民习惯形成有所缓解，习惯存量累积长度缩小，习惯存量较低，消费谨慎程度减弱，而比例系数 θ 减小则刚好相反。

表 5 - 10　　　省级农村居民消费偏好阶段平稳时期与习惯存量比例系数 θ 平均值

省份	偏好稳定期 （θ 的阶段平均值）			习惯存量比例系数 θ 的总体平均值
北京	2003/7 ~ 2008/2 （0.028）	2009/4 ~ 2014/12 （0.162）		0.07
天津	1998/4 ~ 2004/3 （0.058）			0.139
河北	2007/4 ~ 2013/2 （ - 0.066）			0.120
山西*	不存在明显的阶段一致性			0.021
内蒙古*	不存在明显的阶段一致性			- 0.030
辽宁	2005/4 ~ 2010/3 （0.349）	2010/4 ~ 2014/12 （0.288）		0.154
吉林	2000/4 ~ 2010/2 （0.078）	2011/3 ~ 2014/12 （0.110）		0.073
黑龙江	2000/4 ~ 2004/2 （0.115）	2005/4 ~ 2014/12 （0.151）		0.145

省份	偏好稳定期 (θ 的阶段平均值)			习惯存量比例系数 θ 的总体平均值
上海	1999/4 ~ 2008/2 (0.089)	2009/4 ~ 2014/12 (0.161)		0.104
江苏	1998/4 ~ 2002/2 (0.026)	2005/4 ~ 2010/2 (−0.114)		−0.029
浙江	1999/4 ~ 2010/2 (0.151)	2010/4 ~ 2013/2 (0.187)	2013/4 ~ 2014/12 (0.227)	0.127
安徽	1997/4 ~ 2001/1 (−0.202)			−0.133
福建	2000/4 ~ 2008/5 (0.076)	2010/4 ~ 2013/2 (0.070)		0.079
江西*	不存在明显的阶段一致性			
山东	1997/4 ~ 2001/2 (0.059)	2005/4 ~ 2009/12 (−0.004)		0.041
河南	2000/4 ~ 2010/2 (−0.061)	2010/8 ~ 2013/2 (−0.084)		−0.040
湖北	1999/4 ~ 2002/2 (0.189)	2005/4 ~ 209/2 (−0.062)	2009/4 ~ 2013/2 (−0.210)	0.102
湖南	1998/4 ~ 2003/2 (0.247)	2006/4 ~ 2010/2 (−0.028)		−0.099
江西*	不存在明显的阶段一致性			
广东*	不存在明显的阶段一致性			−0.019
广西*	不存在明显的阶段一致性			0.017
海南*	不存在明显的阶段一致性			−0.458
四川*	不存在明显的阶段一致性			0.205
贵州	2006/4 ~ 2014/12 (0.318)			0.181
云南*	不存在明显的阶段一致性			−0.030
陕西*	不存在明显的阶段一致性			0.278

省份	偏好稳定期 (θ 的阶段平均值)		习惯存量比例系数 θ 的总体平均值
甘肃	2000/4 ~ 2014/12 (0.141)		0.113
青海	2005/4 ~ 2013/2 (0.156)		0.139
宁夏*	不存在明显的阶段一致性		− 0.186
新疆*	不存在明显的阶段一致性		− 0.046

注："＊"表示对应省份城镇居民消费偏好存在 10 年以上的稳定期；括号中的数据为对应时期参数 θ 的平均值。

与城镇居民比较来看，无论从农村居民偏好存在外在阶段一致性的省份数量上还是外在阶段稳定期的数量以及时间长度上，各省份农村居民消费偏好外在阶段一致性整体不明显，与第 4 章利用年度数据使用广义矩估计方法得出的结论一致。由此，比较来看城镇居民消费偏好通过外在阶段一致性检验，消费具有理性，而农村居民消费偏好整体不存在外在阶段一致性，消费理性程度偏低，依据 2.1 节给出的本书研究范围的规定，农村居民消费不具理性。

【小结】本书第 2 章界定了基于习惯形成影响的消费理性需要满足的两个条件：一是消费者的消费需实现当期效用最大化，二是消费者偏好要满足放宽了的外在阶段一致性假设。本章主要对中国城乡居民 1995 ~ 2014 年消费就上述两个条件进行检验，旨在获得城乡居民在这一时期消费是否存在理性的结论。就消费者是否实现当期效用最大化，主要验证从第 4 章城乡居民消费一般分析中所获得的省级各时期有效消费值与本章所得出的消费者效用最大化时，省级各时期的均衡消费值做近似相等的统计检验。这部分检验主要立足于本书所设定的检验标准，即验证收入与习惯形成是否为上述两消费差异的解释因素，若二者不能对两种消费的差值做出解释，则认为两消费值近似相等。经检验，习惯形成不是引发中国城镇居民这一时期有效消费值与均衡消费差异的解释因素，在习惯形成影响下，两消费值近似相等，而农村居民两消费值不能通过近似一致的统计检验。进一步，利用习惯存量比例系数 θ 的逐期变动趋势验证"偏好外在阶段一致性"假定是否成立。本章采用两种方法，一是运用广义矩估计考察城乡居民消费习惯存量比例系数 θ 的逐年变化，二是运用折息递推最小二乘方法考察省级城乡居民消费习惯存量比例系数 θ 的逐月变化，两种方法均显示，总的来看城镇居民这一时期消费偏好具有明显的阶段一致性，满足放宽了的"偏好外在阶段一致性"假定，而农村居民偏好在此期间波动频繁，"偏好外在阶段一致性"假定不成立。由此，我们认为中国城镇居民消费具有理性，而农村居民消费理性程度偏低，不满足所设定的消费理性条件，因而消费不具理性。

| 第 6 章 |

城乡居民消费理性分析与
理性预期经验支持

6.1 城乡居民习惯形成与消费理性

6.1.1 城乡居民习惯形成强度与消费理性

本书第 4 章基于理论上经济变量的因果关系建立线性动态面板数据模型就中国城乡居民实际消费关于收入与习惯形成影响进行了实证分析,结果显示,1995～2014 年的这 20 年间,中国城乡居民消费习惯存量比例系数 θ 分别为 0.866 与 0.809,农村居民这一系数偏低。θ 反映习惯形成的时间长度,θ 越小,习惯形成越久远。从这一时期实证分析结果来看,城镇居民消费不具明显的习惯形成效应,而表现出习惯与耐久的整合效应(对应参数 α_2 不具显著性,参见表 4 - 17),其有效消费即真实消费;而计量结果表明农村居民消费具有显著的习惯形成效应,习惯形成强度 α_2 为 0.106,因而有效消费明显低于真实消费,存在效用损失。相比城镇居民,农村居民消费对于理性的偏离存在更大可能。收入较低且增长缓慢,消费环境较差,消费技能偏低,长期形成的传统消费理念,以及对经济政策导向的难以把握等影响都使得农村居民在面对较多外部冲击时更有可能维持原有的消费行为,陌生与畏惧感令他们对消费决策不会作出轻易改变。本书第 4.3.2 节从收入差距、教育文化素质差异以及传统思想观念的影响等方面对城乡居民消费具有不同的习惯形成效应做了比较分析。

第 5 章依据已建立的计量经济模型实证研究得出城乡居民实现效用最大化条件的习惯形成两参数 α 与 θ 值，两参数值相互支撑。由于习惯形成与效用具有反向变化关系，习惯形成越强效用损失越多。运用 1995～2014 年间城乡居民相关经济数据估计的城镇居民习惯形成 α 与 θ 值分别为 -0.401 与 0.595，对应农村居民两参数值分别为 -0.350 与 0.245，城镇居民习惯形成比例系数 θ 明显大于农村居民，农村居民消费习惯形成更久远。消费理性检验结果也同样显示习惯形成影响下的城镇居民消费趋于理性，而农村居民消费不具理性。对于消费理性的另一条件偏好外在阶段一致性的检验，我们使用了两种方法得到习惯形成比例系数 θ 的逐期估计值，通过 θ 的变化趋势判断居民偏好是否存在外在阶段一致性。广义矩估计与折息递推最小二乘方法均显示城镇居民消费偏好一致性检验通过，而农村居民消费偏好一致性较差，故城镇居民消费具有理性，而农村居民消费不具理性。

综合第 4 章与第 5 章研究结果不难得出较强的习惯形成导致较低消费理性的结论，习惯形成强弱可以作为消费理性与否的一种解释，这与本书第 2.1.2 节依据习惯形成理论提出的习惯形成是消费理性的根源之一相吻合。

6.1.2 习惯形成参数与居民消费决策能力

6.1.2.1 习惯存量比例系数 θ —习惯形成持久性与偏好一致性的反映

习惯存量比例系数 θ 反映了习惯形成受以往消费的影响，θ 越小，消费习惯给予过去的权重越大，习惯形成越持久，习惯越难作出调整，根据 θ 值大小可以判断习惯形成受滞后多少期消费的影响。本书第 2.2 节提到的习惯存量的时间演化形式中 $(1-\theta)^i$ 为习惯存量中滞后各期消费的比例系数，通过 $(1-\theta)^i$ 的逐渐衰减至零可以基本判断习惯形成受滞后消费的影响期数 i，可知习惯形成的具体时间长度 p。表 6-1 列出了城镇居民习惯存量不同累积状态下（即在不同参数 θ 下的习惯存量）滞后各期消费的比例系数 $(1-\theta)^i$，从这一比例衰减近至零的期数比较每期习惯形成的久远性，其中 $\theta_1 \sim \theta_{13}$ 是依据表 5-7 给出。

表6-1　　逐年习惯存量比例系数下的各期滞后消费系数（城镇居民）

消费滞后期数	θ_1 1995~2002年	θ_2 1995~2003年	θ_3 1995~2004年	θ_4 1995~2005年	θ_5 1995~2006年	θ_6 1995~2007年	θ_7 1995~2008年	θ_8 1995~2009年	θ_9 1995~2010年	θ_{10} 1995~2011年	θ_{11} 1995~2012年	θ_{12} 1995~2013年	θ_{13} 1995~2014年
	0.499	0.556	0.567	0.638	0.637	0.632	0.629	0.552	0.534	0.502	0.633	0.635	0.595
C_{t-1}	1	1	1	1	1	1	1	1	1	1	1	1	1
C_{t-2}	0.501	0.444	0.443	0.362	0.363	0.368	0.371	0.448	0.466	0.498	0.367	0.365	0.405
C_{t-3}	0.251	0.197	0.196	0.131	0.132	0.135	0.138	0.201	0.217	0.248	0.135	0.133	0.164
C_{t-4}	0.126	0.088	0.087	0.047	0.048	0.050	0.051	0.090	0.101	0.123	0.049	0.049	0.060
C_{t-5}	0.063	0.039	0.038	0.017	0.017	0.018	0.019	0.040	0.047	0.061	0.018	0.018	0.024
C_{t-6}	0.022	0.017	0.017	0.006	0.006	0.007	0.007	0.018	0.022	0.031	0.007	0.006	0.009
C_{t-7}	0.031	0.007	0.007	…	…	…	…	0.008	0.010	0.015	…	…	…
C_{t-8}	0.016	…	…					0.003	0.005	0.007			
C_{t-9}	0.008	…						…	…	…			

第 5 章利用矩估计法对偏好进行外在阶段一致性检验的过程中，通过习惯存量比例系数 θ 值的近似情况给出了城镇居民习惯形成相对稳定的几个时期：2002 年以前，2003～2004 年，2005～2008 年，2009～2011 年以及 2012～2014 年，从表 6-1 可以更加清晰地看到习惯形成延续的时间长度，2005～2011 年间变化不大，只是在 2009 年之后习惯存量比例系数有少许降低，城镇居民消费变得相对谨慎。习惯形成类似于一种谨慎行为，习惯存量比例系数逐期变化与现实经济状况相吻合，已在本书 5.2.1 节作出了说明。同样，依据表 5-8 给出的各期 θ 值比较农村居民习惯形成久远性，习惯存量累积受过去消费滞后期数影响参见表 6-2。

结合本书第 2 章与第 5 章相关内容，与城镇居民明显不同，农村居民：①习惯存量比例系数各期 θ 估计值普遍较小，习惯存量要经受更多期滞后消费的累积而成，习惯形成的时间长度更大，单从 θ 值来看习惯形成也可能更强；②θ 值波动频繁，且变动后不具阶段稳定性，这从表 6-2 中消费滞后期数可以看出，也与图 5-2 描述趋势相吻合。农村居民 θ 值明显不满足放宽了的"偏好外在阶段一致性"假设。依据本书第 2 章对习惯形成下消费理性的界定，θ 值的变动反映了居民外在偏好是否具有阶段稳定的特点。偏好的阶段一致代表着居民更有可能具有稳定预期，在面对外部冲击时，能够更好地整合、处理已获得的经济信号，吸收有用的经济信息，排除不必要的外在干扰，从而就能够较为合理安排自身的消费活动。

6.1.2.2 习惯形成在效用中的重要程度 α ——消费选择瞬时灵活性的反映

在习惯存量一定的前提下，参数 α 反映了习惯形成对效用的损失程度，α 越大，效用损失越多。同时，从参数 α 的大小上还可以进一步知晓居民消费决策是否灵活，这种灵活更多表现在偏好发生变化时个体对于消费习惯的及时调整。本书第 2.2.2 节给出了"消费选择瞬时灵活性"的含义，它描述的是消费者在一定时期内形成某种消费习惯，在受到外界冲击时，其消费能够依据偏好的瞬时改变进行调整的灵活程度。$\alpha > 0$ 且越小，等量的习惯存量

表6—2　逐年习惯存量比例系数下各期滞后消费系数（农村居民）

滞后期消费	θ_1	θ_2	θ_3	θ_4	θ_5	θ_6	θ_7	θ_8	θ_9	θ_{10}	θ_{11}	θ_{12}	θ_{13}
	0.452	0.549	0.577	0.387	0.423	0.242	0.167	0.081	0.231	0.488	0.395	0.519	0.543
C_{t-1}	1	1	1	1	1	1	1	1	1	1	1	1	1
C_{t-2}	0.548	0.451	0.423	0.613	0.577	0.758	0.833	0.919	0.769	0.512	0.605	0.481	0.457
C_{t-3}	0.3	0.203	0.179	0.376	0.333	0.575	0.694	0.844	0.591	0.262	0.366	0.231	0.209
C_{t-4}	0.165	0.092	0.076	0.23	0.192	0.436	0.578	0.776	0.454	0.134	0.221	0.111	0.095
C_{t-5}	0.09	0.041	0.032	0.141	0.111	0.33	0.481	0.713	0.349	0.068	0.134	0.053	0.044
C_{t-6}	0.05	0.019	0.014	0.087	0.064	0.25	0.401	0.665	0.269	0.035	0.081	0.026	0.02
C_{t-7}	0.027	0.008	0.006	0.053	0.037	0.19	0.334	0.611	0.207	0.018	0.049	0.012	0.009
C_{t-8}	0.001	…	…	0.033	0.021	0.144	0.278	0.561	0.159	0.009	0.03	0.006	…
C_{t-9}	…			0.02	0.013	0.109	0.232	0.516	0.122	…	0.018	…	
C_{t-10}				0.012	0.007	0.083	0.193	0.474	0.094		0.011		
C_{t-11}				0.007	…	0.063	0.161	0.436	0.072		0.007		
⋮													
C_{t-17}						0.048	0.054						
⋮													
C_{t-19}						0.009		0.222	0.009				
⋮													
C_{t-27}							0.008	0.112					
⋮													

对效用的损失越少，说明消费者能够以更加灵活的方式应对同样习惯形成产生的负面影响。例如，消费者收入较高、消费选择能力较强等因素都可以使消费者具有较强抵御各种冲击的能力，从而习惯形成对降低消费者满足程度的影响较小。第 4 章运用城乡居民相关经济数据估算的这一参数，城镇居民习惯形成强度为负，消费不具习惯形成效应，表现为习惯与耐久的整合效应，而农村居民习惯形成强度为正，表现出显著的习惯效应。从实际中也不难看出，城镇居民应对各种不确定性能力更强，消费选择也更加灵活，从而并未表现出明显的习惯形成①。同样的消费由于参数 α 大小不同而使得消费者从中获得的满足程度存在差异，$\alpha > 0$ 且较大对应消费者较少的满足，较强的习惯形成会令个体对当前消费决策缺乏信心，源于对自身消费选择存在更多怀疑又畏惧做出明显改变则会使所得利益减少，境况变差，因而消费者更容易出现保持当下的主观心态，从而不愿改变，消费灵活性较差。

综上所述，通过城乡居民两参数实际估计值与消费理性与否的比较可以得出习惯形成与消费理性间存在较强的相关性。一方面，习惯形成越久远，同样的消费令消费者感到厌烦，满足感不强；另一方面，消费选择的瞬时灵活性较差使得消费者新形成的偏好难以被满足，从而较多的偏离效用最大化时的均衡状态，消费理性程度偏低。

6.2 城乡居民不确定性认知、习惯形成与消费理性

6.2.1 习惯形成与城乡居民不确定性认知

不确定性是市场经济体制逐渐深化的产物，不确定性增多使得个体承担越来越多的经济风险。贾男和张亮亮等（2011）认为不确定性因素可能造成

---

① 实际上，居民习惯形成必然存在，书中所得到的城镇居民并不具有显著的习惯形成与使用总量消费数据有关。

的风险一般要降低居民的消费效用，收入增长中用于消费增长的越少，从而消费行为越谨慎，越体现居民对风险的规避。而习惯形成恰类似于一种谨慎行为（Deaton，1992），是在对未来不明了时规避风险的一种手段，对于不确定性认知与处理上的差异一定程度上使得居民保持不同的消费习惯。本书第2章提出习惯形成为不确定性认知的外部表现，习惯形成两参数可以用来反映消费者应对外部冲击的结果，从而也决定了个体消费的理性与否。具体来看，习惯存量比例系数 θ 越小，习惯形成越久远。θ 的逐年估计值变动越频繁，消费者偏好越不稳定，越容易受到不确定性的干扰。而较大的 α（$\alpha > 0$时）说明个体消费瞬时选择灵活性较差，个体习惯形成不能依据偏好的变化及时调整，习惯形成较强。较小的 θ 和较大的 α 代表消费者认识、抵御不确定性的能力较弱，对未来不确定性不容易做到合理把握，消费选择不灵活，消费更加谨慎，习惯形成较强。城镇居民1995～2014年20年间习惯形成下的理性消费对应城镇居民拥有较大的 θ 值，习惯形成的时间长度较短，θ 的逐年估计值具有阶段稳定性，满足偏好外在阶段一致性。同时，参数 α 值为负说明城镇居民可以更为灵活地依据偏好变化调整消费习惯。比较来看，城镇居民对于不确定性影响具有较好的处理能力，能够通过整合各类经济信息合理安排一段时期内的消费选择来尽可能多的排除不必要的干扰，减弱不确定性的负面影响，从而避免更多的效用损失。而农村居民由于收入水平低、消费环境差、消费技能落后等因素必然导致消费决策灵活性差，很难依据偏好变化及时调整消费行为，更习惯受限于某消费商品种类与价格水平。更为重要的是，农村居民接收、辨识、整合经济信息的能力进而抵御经济风险的能力不强，致使他们对外来经济冲击望而生畏，难以前行，惧怕改变当前的消费决策，这也决定了农村居民将形成较强的消费习惯。

城乡居民消费习惯形成比例系数、习惯形成强度两参数与消费理性与否的结果告诉我们相比城镇居民，农村居民在面对诸多不确定性时选择了更加审慎的消费行为，形成更强的消费习惯，这源于农村居民对不确定性的更难把握。现有文献也对我们研究获得的不确定性、习惯形成与消费理性之间的关系给予了理论与经验支持（见本书第2.3.1节）。

6.2.2 市场化、宏观调控与不确定性

经济中不确定性来源于诸多方面，既包括外界因素对经济体的冲击，也包含经济体内的正常波动。中国计划经济时期，居民总体收入稳定但水平极低，收入差距较小，家庭间生活水平接近，具有很强的相似性。这一时期中国居民消费的外部环境稳定，就业与退休也均有相应的保障，因而面临的不确定性风险几乎为零。改革开放以后，逐步推行的市场经济带来了家庭收入的增加，然而收入差距也随之增大，资金借贷市场日渐兴起，家庭储蓄出现明显增长。与之相伴随的还有不确定性的大量增多，比如家庭联产承包制度使农村居民未来收入不确定性明显增大，城镇用工制度等改革也使得城镇居民未来收入与消费支出的不确定性增加，人们风险意识增强，风险预期形成，规避风险行为开始涌现（郝东阳，2011）。1992 年，中国经济进入转轨时期，以市场手段配置资源的经济模式正式确立，市场机制逐步进驻各个领域，市场化程度加深，居民的市场地位初步确立，制度变迁加剧了家庭间收入与生活水平差距，中国居民消费观念、消费心理发生极大转变，市场经济使得个体脱去了"集体"保护的外衣，个体面临的不确定性因素必然更多。

市场化包含发展意义上的市场化与改革意义上的市场化，二者分别对应市场机制在资源配置中发挥作用持续增加的经济体制演变过程，与改革或转轨经济体中资源由计划向市场配置的经济体制转变过程。我国市场化主要是转轨时期的制度变迁过程，属于后者。衡量市场化程度有诸多指标，卢中原和胡鞍钢（1993）选择四项市场化指数，分别是投资市场化、价格市场化、生产市场化与商业市场化，通过加权得到一个综合的衡量市场化的指数。研究测算后认为中国市场化指数是在逐渐提高的，市场化程度越来越深。樊纲（2003）建立了一个衡量市场化指标体系，旨在考察不同地区市场化差异，这一指标体系包括政府与市场的关系，非国有经济的发展，产品市场的发育程度，要素市场的发育程度。江晓薇和宋红旭（1995）认为现代市场经济涵盖两个概念，即市场的开放和政府宏观调控，因而选择

四个指标衡量市场经济度：企业自主度、国内开放度、宏观调控度与对外开放度，通过这四项指标在国民经济份额的测算与度量分析我国市场化程度。

市场化使得区域发展不平衡，从而产生不确定性。平均来看，虽然整体上中国市场化程度在加深，但也存在较大差异，东部地区市场化程度最高，中部地区次之而西部地区市场化进程最慢（樊纲和王小鲁等，2011）。市场化程度体现在要素流动状况、政府宏观调控与企业自主关系、价格的放开与灵活度等。市场化程度在各地区，各省级、城乡间均表现出明显的不同，区域市场化的不平衡使得地区间、城乡居民间面临不确定性的影响状况存在差异。总体看来，市场化程度较深的地区，居民面临的不确定性较多。因为市场化越充分，经济变量与经济因素间相互影响关系越复杂，影响渠道越多，也因此经济主体面临的选择也越多，机遇与挑战就像创新与风险一样是相辅相成的。进一步，通过不同地区市场化指数的比较发现，市场化指数与人均GDP存在明显的正相关关系，因此也可以这样认为，经济较发达地区，市场化程度更大，居民面临的不确定性影响更多。但同时，市场化程度高的地区又向其他市场化程度较低地区散发着各种经济信号，又会在市场化程度较低地区引发新的不确定性。例如，近年国内一线城市深圳、上海、北京的房价开始相继出现幅度较大的上涨，面对这一涨幅信号，部分居民会预期二、三线城市未来房价也会出现上升趋势，二、三线城市房价是否会上涨，何时上涨，亦或会出现多大幅度的上涨，立即购买还是继续观望成为人们面临不确定性的选择。

市场化程度拉大了居民财产性收入差距，增加了不确定性。经济增长拉大了居民间的收入差距（Fei and Rains，1964；Robinson，1976），这类文献侧重分析经济增长过程中收入差距的动态变化。还有文献研究分析收入差距对经济增长的作用，认为收入差距扩大有助于经济增长（Kaldor，1956；Li and Zou，1998），但大多数文献认为收入差距扩大并不利于经济增长（Galor and Zeria，1993；Alesina and Rodrik，1994；Benhabib and Rustichini，1996；De La Croix，2004）。市场化的逐步加深促进了经济增长，它是居民财产性收入差距的一个解释原因。财产性收入差距在各项收入差距变化中比较明显，因而它也是居民收入差距研究关注的主要方面。市场深化会拉大居民间财产性收入，但经济的进一步增长与市场深化的进一步拓展也会一定程度上抑制财产性收入差距的扩大。总体上看，市场化对财产性收入的影响较为复杂：一方面，市场化程度较低，居民财产参与产生收入的可能性较小，收入差距就会较小，市场化加深就会带来居民财产性收入差距的扩大；另一方面，市场化促进了公平竞争，财产获得收入机会相对均等，这又使得差距缩小，市场化对财产性收入差距又具有"抑制效应"（刘江会和唐东波，2010）。收入差距令居民受不确定性影响存在差异，主要表现在收入水平较高，应对不确定性影响能力较强，从而受不确定性影响会较小。市场化程度导致贫富差距进一步拉大，使得原本处于较低收入的人群境况变得更加糟糕，这使他们对未来产生更多的担忧，不确定性也会被人为放大。

虽然市场化进程带来了诸多的不确定性，但它却为转轨时期后中国经济的腾飞做出了巨大的贡献。1997~2007年，市场化进程对经济增长的贡献为1.45%（樊纲和王小鲁等，2011），并且中国持续的经济增长有赖于市场的进一步深化。因此，在很长一段时间内，中国将继续推进市场化，而居民也将继续面临市场经济带来的不确定性以及承担相应的经济风险。增强应对不确定性能力比安于现状、墨守成规显得更为重要，它或许应该成为居民改善自身境况不可或缺的一项基本技能。

与此同时，市场经济强化了宏观经济政策的作用与地位。宏观经济政策虽然能够一定程度上缓解、治愈经济问题，但在熨平经济波动的同时也带来了诸多的不确定性，改变并强化了居民的预期。一方面，即使政府实施的是较为稳定的经济政策，但政策本身存在的两个时滞①也会引发不确定性；另一方面，政策有时是缺乏稳定性的，若以促进经济增长为目标应下调利率、准备金率，增发货币，若以缓解通货膨胀为目标，则应上调利率、准备金率、控制货币增长。目标与政策虽然较为明确，然而现实经济往往更为复杂，同一时期可能出现不同的经济问题，政策目标、手段也多样。同时政策的稳定性也关系居民的预期的稳定性与合理性，依据附加预期的菲利普斯曲线，若经济主体预期未来会有某种水平的通货膨胀，那么价格水平最终会在某一时

---

① 内在时滞与外在时滞，内在时滞是指经济冲击与对这种冲击作出反应的政策行动之间的时间，外在时滞是政策行动与其对经济影响之间的时间，参见：曼昆. 宏观经济学（第五版）[M]. 张帆，梁晓钟，译. 北京：中国人民大学出版社，2005。

间达到这种预期。由此，政策的理论效果与实际效应存在明显偏差，经济中的各种冲击与宏观经济政策的多种导向，滞后效应与政策效果的难以有效发挥加大了不确定性。臧旭恒（1994）研究发现，城镇居民消费比较敏感，受国家宏观经济政策影响更大，相比之下，农村居民消费显得更加"短视"，不那么"富有远见"，预算约束较大。经济政策环境的变化，使居民不得不未雨绸缪，为未来做更多的打算。

上述分析表明，经济中不确定性主要来源于不断深化的市场经济以及宏观经济的政策调控。市场化程度加深使得个体承担越来越多的经济风险，而经济政策的不稳定打破了经济环境原有的稳定状态，对个体辨识、处理不确定性的能力提出了更高要求，二者都将催生更多的不确定性。同时，市场经济的不断深化为宏观经济政策调控带来了更多的挑战，市场经济实际也是宏观调控经济（江晓薇和宋红旭，2011）。关于市场化与宏观经济政策，贺京同和刘倩（2016）研究发现，市场化程度较高时，货币政策虽能够有力的调控通胀，但却缺乏稳定产出的能力；市场化程度较低时，以调控产出为目标的货币政策既可以稳定产出波动，又可以稳定通胀波动。利率作为调控的主要政策工具也经历着曲折的市场化进程，我国利率（局部）市场化已历经30年，但真正意义上以中央银行主导的系统性规范性的利率市场化改革始于20世纪90年代以后。总体上看，我国利率市场化呈现不平衡格局，货币市场、债券市场、理财市场与民间市场的利率生成已接近市场化，但具有决定意义的贷款市场仍高度贴近官方基准利率（吴富林，2012）。就我国这样经济转轨中的国家，一些学者认为利率完全市场化并不可取，但一定的市场化程度仍是改革的目标，若目标定位不准，波动频繁，或监管不到位，都会引发一系列宏观调控效果难以有效发挥的经济问题。正是由于经济市场化不同程度干扰宏观调控，政策导向与效果发挥均会受到影响，因而产生不确定性，同时也为不确定性的辨识与应对带来了更多难题。中国市场化改革主要集中在城镇，市场化程度的加深对宏观经济政策调控效果提出了更大的挑战，加之城镇居民对宏观经济政策更加敏感，因而城镇居民较农村居民会面临更多的不确定性。

6.2.3 不确定性因素和城乡居民消费习惯形成强度

市场化与宏观调控催生了大量的不确定性，然而经济的发展离不开市场的日益完善与宏观经济政策工具的使用。城镇市场化程度较高，因而城镇居民面临的不确定性也较多，而对于农村居民，由于他们抵御、应对不确定性的能力较弱，对未来缺乏保障的不安心理也很容易放大不确定性影响。

6.2.3.1 收入变动、不确定性认知与城乡居民习惯形成

1. 收入水平、不确定性认知与习惯形成。

依据消费理论，收入是影响消费的主要因素，凯恩斯的绝对收入理论告诉我们较高收入的人群会拥有较低的消费倾向，相反，较低收入人群会拥有较高的消费倾向。图 6 – 1 中曲线为凯恩斯的消费与收入关系曲线，y_1、y_2 分别代表低收入与高收入两种不同收入水平，收入对应点切线的斜率表示他们的边际消费倾向 MPC 大小，切点与原点连线的斜率大小分别表示低收入与高收入者的平均消费倾向 APC。

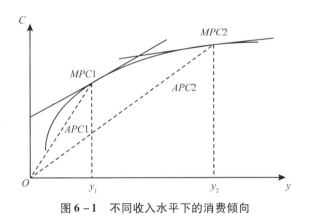

图 6 – 1　不同收入水平下的消费倾向

从图 6 – 1 中可以看出，低收入者的 MPC 与 APC 均高于高收入者。若收入水平变动幅度较小（如剔除价格因素后），较低消费倾向不容易呈现明显

的变化。高收入者始终是保持超前消费、新消费的主要群体，中等收入者也能够根据所受到的外界冲击提高或降低消费水平。相比较来看，低收入者则会由于收入偏低其消费结构也更加稳定，一种消费观念、消费心理会持续较长时间，当面临更多不确定性时消费习惯不易改变，谨慎消费是他们在心理上规避不确定性风险的手段，因而习惯形成较强。田青与高铁梅（2009）依据收入水平将城镇居民划分为不同收入组，通过消费的敏感性检验得出低收入者对当期收入的敏感系数更大，说明受不确定性影响更多，并且随收入的增加呈依次下降趋势，预防不确定性影响心理增强。

中国城镇居民收入明显高于农村居民，若加上城镇居民享受的各种福利，中国城镇居民的实际收入相当于农村居民的四倍（世界银行，1997）。而且近些年，城乡居民收入差距逐渐拉大使得城镇居民收入具有明显优势。收入较高者其抵御不确定性能力较强，从而受不确定性影响较小。城镇市场化程度较高，城镇居民面临的不确定影响也随之增多，但由于较高的收入使他们具有较强的抵御不确定性影响的能力，当未预期到的一些突发状况出现时，城镇居民也能灵活应对，从而不必要事前进行过多的储蓄而使自己保持谨慎的消费行为。相比城镇居民，农村居民只有更多的事前储蓄才会有能力应对未来可能出现的不确定性。

2. 收入差距、收入稳定性的变动还会进一步引发不确定性。

地区发展不平衡、市场化以及通货膨胀都会带来收入差距的变化。一方面，收入差距变动使得个体贫富差距进一步发生变化，收入较高人群相对收入水平则更高，而收入较低人群应对不确定影响能力则更差，未来会面临更多不确定性；另一方面，源于心理因素，贫富差距扩大令低收入者感觉自己变得更加贫穷，未来境况不容乐观，不安心理加重，消费信心下降，从而主观放大了不确定性的影响。稳定的收入水平使得居民理性预期成为可能，且稳定的收入变动会带来相对稳定的消费变动。收入变动越是稳定，居民经济生活确定性影响因素就会更多，不确定性影响则相对较少，若收入变化稳定，居民就越有可能具备理性的持久收入预期，从而可以更为合理的安排自身的消费决策。

本书第4章表4-16列出了1995年与2014年省际城乡居民收入差距状

况，它具有两个主要特征：一是收入差距逐年扩大。就 29 个省份来看，以
1995 年城乡居民收入差距为基数，2014 年收入差距为 1995 年的 4.48 ~ 11.10
倍，分别对应海南与内蒙古，城乡居民收入差距明显；二是经济较强省收入
差距普遍大于经济弱省。北京 2014 年城乡收入差距为 1995 年的 9.85 倍，上
海为 9.38 倍，江苏为 8.90 倍，福建为 7.35 倍，辽宁为 9.17 倍，广东为
6.98 倍；而广西为 4.77 倍，贵州为 5.58 倍，新疆为 4.93 倍。由于经济较强
地区人均收入较高，故省际居民实际收入差距更大。城乡居民较大的收入差
距带来了消费的巨大差距，2008 年占全国人口总数 2/3 的农村居民只消费了
全国 1/3 的商品，从城乡居民消费的商品数量上来看，农村居民消费显得更
加谨慎。除此之外，城乡居民收入增长稳定性也明显不同。比较来看，城镇
居民收入增长稳定性更强，而农村居民收入增长波动频繁、幅度较大。较为
稳定的收入增长容易形成稳定、准确的预期，从而个体经济生活中确定性因
素增多，不确定性影响相对较少。

　　3. 城乡居民主要收入来源不同产生不确定性影响。

　　城乡居民收入来源包括工资性收入、经营性收入、转移性收入与财产性
收入。工资性收入一直是城镇居民主要收入来源，而农村居民的主要收入来
源多变。改革开放后，农村居民收入增长幅度明显，年增长率高达 15.9%，
这一时期农村居民收入增长的主要动力是家庭经营性收入，归功于家庭联产
承包责任制；20 世纪 80 年代中期以后，体制变革对农村居民收入增长的力
量逐渐减弱，家庭经营性收入不再能够继续维持农村居民收入的高增长，农
民收入开始出现波动性增长：1985 年农民收入实际增长率为 7.9%，1986 年
为 2.9%，1987 年为 2.8%，1988 年为 9.3%，1989 年为 - 1.6%；20 世纪 90
年代以后，农村居民家庭经营性收入虽然在总收入中仍然占有较高比重，但
由于农村居民外出务工不断增加，农村居民收入的最主要来源已变为非农就业
的工资性收入。与此同时，农民收入出现一段时期的高增长，尤其是 1993 ~
1997 年的 5 年中，增速较快，1997 年以后，农村居民收入又进入缓慢增长
期。近 20 年间，农村居民收入虽然也处于不断增长态势，但增长幅度仍然较
城镇居民缓慢很多。张车伟与王德文（2004）认为，中国农业单产增长潜力
有限（如四川绵竹县等，谷物生产效率已接近当地耕地光热水土条件下的生
产潜力；在苏南一些地区，复种指数曾达 200%，精耕细作达到无以复加的

地步），农户耕地规模无法扩大，靠经营土地无法维持农民收入的继续增加，因此农村居民要想增加收入就不得不在农业以外寻求途径。当地非农工作机会、外地非农就业机会是农民应选择的两条提高收入增长的有效途径。曾国安和胡晶晶（2008）利用2000~2005年中国城乡居民收入结构数据实证分析得出工资性收入差距对城乡居民收入差距的贡献率最大，而经营性收入在缩小城乡居民收入差距上具有重要作用。从工资性收入的获得上来看，城乡居民在寻求获得工资性收入的机会与收入水平的稳定上存在着明显不同，这也使得城乡居民在面临经济不确定性影响方面存在差异。比较城乡居民工资性收入，不难分析得出农村居民工资性收入稳定性较差的结论，这主要是由于农村居民整体文化素质较低，专业技能较初级，非农就业机会少，就业流动性较大，工资收入低，工种季节性、周期性突出，缺乏稳定性。农村居民应对、缓释不确定性能力弱，从而保持谨慎的消费行为，形成较强消费习惯成为他们规避不确定性风险的一种手段。

4. 城乡居民收入预期也会催生不确定性。

依据弗里德曼（Friedman，1957）持久收入假说理论，一些学者对于预期收入如何影响消费进行了探讨。例如，姜洋与邓翔（2011）基于跨期最优消费模型，将收入进行分解，得出预期收入是影响居民消费的主要因素，且预期收入的影响不断增强。中国城乡居民收入水平呈逐年上升趋势，但农村居民增长缓慢，而城镇居民收入增长较快且幅度较大。在这种情况下，农村居民容易产生收入较小增长的预期，消费行为也会变得更加谨慎，而城镇居民则容易形成未来收入更多的预期，因此消费选择将会更多的依据自身偏好做出调整，消费决策相对灵活。田青和高铁梅（2009）也认为消费者如果预见到预期收入降低或预期支出将增加，就会增加储蓄，减少当期消费，消费会变得更加谨慎。不确定性是导致消费偏离理性持久预期的一个重要因素。收入的不确定性会使居民消费更加谨慎，同时对现期收入更加敏感，不确定性更强。鉴于此，本书第6.3节将就城乡居民持久收入预期进行理性检验，检验城乡居民消费是否只与持久收入有关，预期收入与消费的变动是否均可预测，若如此则说明居民具有持久收入理性预期，消费受不确定性影响较少，习惯形成较弱，因此消费更有可能具有理性。

综上所述，收入差距与稳定性差异会引发城乡居民不同的不确定性认知，而收入的多少又一定程度上决定了消费者对不确定性的认知能力。在其他条件相对稳定的情况下，收入越高，其处理不确定性的能力也越强，经济中可以反馈出来的确定性因素更多，不确定性较少。这种确定性因素并非是显而易见的，而是由于具有较强的不确定性认知能力，通过合理、有效地辨识、整合各类经济信息排除不必要的干扰，从而降低不确定性的影响。

6.2.3.2 货币政策、不确定性认知与城乡居民消费习惯形成

中央银行通过控制流通中的货币供给量来影响总需求进而调控宏观经济的政策称为货币政策。货币政策包含贴现率、法定准备率，公开市场业务以及道义劝告等。贴现率与法定准备率的调整可以控制商业银行相对灵活使用的货币资本量，若提高贴现率或法定准备率相当于减少了商业银行向外借贷的货币资本量，从而降低了流通中的货币供给量。公开市场业务是中央银行在金融市场上公开买卖政府债券，若中央银行买进政府债券则相当于放出货币，卖出政府债券则意味着收回货币。货币供应量的变动对于经济的影响是多方面的，不仅会带来一定程度的通货膨胀或通货紧缩，而且经济中的利率水平也会跟着调整，消费、投资等亦随之变化，经济会呈现不同程度的增长，从而出现收入差距变大、地区经济发展不平衡、居民预期变动、消费信心下降等负面影响，引发不确定性。

利率调控与人们经济生活关乎紧密，是人们对未来价格、收入预测的一个主要参考指标。依据费雪方程式，实际利率大致为名义利率减去通货膨胀率。若名义利率较高，则居民仍可以通过储蓄降低通货膨胀的负面影响，反之，则储蓄可能带来个体利益的更多损失。同时，居民在较高的利率水平下仍可以预计未来有更多的收入，从而选择当期较高的消费。利率具备的两种效应——收入效应与替代效应，使得个体在面临利率变化时做出不同的消费/储蓄选择。1995～2014 年这 20 年间，中国居民一年期存款利率持续走低，从 1995 年的 10.98% 下降至 2014 年的 2.75%，而到 2015 年已不足 2%。中间过程也是频繁波动，比较突出的是 2007 年和 2008 年两年。2007 年中央银行先后 6 次调整基准利率，2008 年 4 次调整基准利率。在全球性经济危机的影响下，我国物价上涨明显，政府开始将控制通货膨胀作为宏观经济政策首要目标，2007 下半年利率上调，一年期存款利率从 2.79% 上升至 4.14%。而

2008 年下半年，宏观经济政策主要目标致力于经济增长，从而利率又多次下调，首先是小幅下降，下降至 3.87%，到该年末，利率降至 2.25%。而后的几年中，利率偶尔有小幅上涨，但总体保持下降趋势。实际经济现象显示较低的利率政策对居民消费增长的效果并不明显，而较高的利率或许会增强居民对未来的信心，从而带来当期消费的增长。并且，较低的利率能够催生更多的金融理财产品，人们贮存财富的方式出现了更多的可能。农村居民由于教育文化等综合素质薄弱，面对风险不一的金融理财产品，认知能力不强，不容易有效把握，更难形成合理预期。

货币政策是产生通货膨胀的原因之一，而通胀引发不确定性主要体现在：第一，对于不同的个体，通货膨胀的替代与收入效应本就存在不确定性。是在物价上升时选择增加消费以应对通货膨胀对购买力的负面影响，还是降低消费，为未来消费积累更多的财富保证。若个体作出较为理性的消费决策，不但可以至少保持原有的境况，甚至还可以使得自身的财富水平在通货膨胀过程中得到较大幅度的提升，从而未来生活更有保障，不确定性影响也会随之降低。第二，通货膨胀的再分配效应引发不确定性。这一效应使得靠固定劳动收入的人群境况变差，并且原本收入较低的消费者会面临更少的实际收入，贫富差距加大。不仅如此，通货膨胀还会使财富量原本处于同一水平的不同个体出现财富分层，有时这种差距甚至是巨大的。举个例子来说，中国房地产价格在 2000 年后开始出现普遍大幅上涨，一些消费者通过住宅投资使得自身的财富存量发生了"翻天覆地"的变化，一些消费者则通过住宅投资保障了自己原有财富水平，而也有一部分消费者对于通货膨胀并未及时或有能力采取积极措施加以应对，自身财富量"大打折扣"。对于最后一类人群，通货膨胀使得他们未来将面对更多的不确定性影响，这种影响不仅是经济波动本身带来的，同时更是源于个体应对不确定性影响的能力较低。第三，个体通货膨胀预期也同样存在不确定性。预期影响当前的消费选择，即便消费者并非是具有"远见的"。引入习惯形成分析消费后，消费者的消费（或效用）水平不仅受当期消费影响，还要受到滞后消费的影响，而滞后期限取决于习惯形成的久远性，因而包含习惯形成的效用函数在时间上是不可分的。从这一点上看预期是否理性对消费理性具有一定的决定作用，因此预期在经济生活中显得非常关键。综上所述，通货膨胀不仅自身会为经济带来诸多不确定性，同时也为消费者是否能够进行理性预期从而缓解不确定性影响能力提出更高要求。第四，通货膨胀类型带来的经济不确定性。依据通货膨胀产生的原因大致将通胀分为四种类型：货币现象的通货膨胀、需求拉动的通货膨胀、成本推动的通货膨胀以及结构性的通货膨胀。每种类型的通货膨胀都会引发不同的不确定性，更为复杂的是经济中的通货膨胀原本也不是一种原因可以充分解释的，因而会使得对不确定性影响的分析更为困难。第五，通货膨胀可能会带来更为严重的地下经济。卡斯（Case，1993）认为通货膨胀税是经营地下经济的人们无法逃避的税收之一。然而，正因为如此，从事地下经济要承担的法律与经济风险使得他们有可能会更为"疯狂"的进行地下经济，而地下经济的扩大还会进一步引发不确定性。

不确定性认知对居民通货膨胀的合理预期提出更高要求。图 6－2 描述了1995～2014 年中国货币供应量（M1）同比增长率与通货膨胀率的关系，其中通货膨胀率是以居民消费价格指数（CPI）计算得出（上年＝100）。

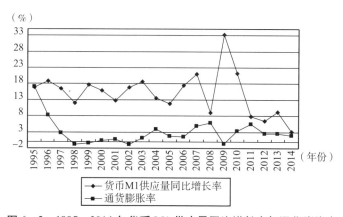

图 6－2　1995～2014 年货币 M1 供应量同比增长率与通货膨胀率

图 6－2 中显示了 1995～2014 年 20 年中央银行在逐年增发货币，其中2009 年最为明显，货币供应量增长率达到 33.2％，而价格水平除极少年份外其他年份也都呈上升趋势，1995 年通胀率最高，为 17.1％，而后年份均不足6％。图 6－2 中还可以看出通货膨胀率要较货币增长率的变化滞后 1～2 个时期，经济理论与实际经济现象告诉我们货币扩张可以一定程度解释通货膨胀，

政府增发货币状况也就可以作为居民预期通胀的一个主要因素，然而，从图中曲线走势发现货币增长率带来多大幅度的通货膨胀率还需具体测算，等量的货币增长率并未带来等量的通货膨胀率，粗略来看通货膨胀率增长幅度较小。

货币的扩张的一个直接益处就是与经济增长的相互拉动，由此理论上货币主义解释的通货膨胀在现实应用中存在一定的局限性，需要和其他方法一起使用会更为准确。图6–3刻画了这20年间货币供应量（M1）增长率与经济增长率，其中经济增长率以各年GDP计算得出。图中显示大多数年份的经济增长率要高于货币增长率，但大多数年份具有相同的变化趋势，因而也可以使用收入变化量预测通货膨胀。货币增长率、经济增长率亦或是通货膨胀率的实际变化是较为复杂的，可也并非完全无迹可循，这要依赖个体的知识文化等综合素质。

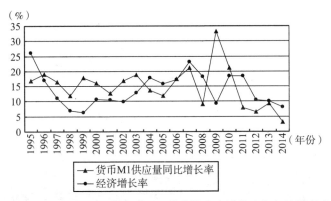

图6–3　1995～2014年货币M1供应量同比增长率与经济增长率

货币供应量、经济增长变化与物价总水平均有着一定的相关关系，但单从数字与曲线上无法探寻它们之间的内在规律，需要借助更高深的分析工具，例如，数理经济方法，计量、统计方法等。货币的变动会带来一定物价水平与经济增长的变动，通货膨胀会引发人们消费/储蓄行为的进一步变化，而经济增长的变动还会带来地区间经济发展不平衡，拉大居民收入差距，从而使得城乡居民面临不同程度的不确定性影响。更重要的是当上述变量发生变化时，居民预期也会随之变化。当人们知晓流通中的货币供应量增多时，将预期物价会随之波动，波动的幅度虽不容易把握，但货币供应量上升人们将预期价格会进一步上涨，由此人们的消费可能会变得更加谨慎。而相比城镇居民，农村居民对宏观经济理论、宏观经济问题的把握能力不强，对未来物价变动趋势，农村居民更难以形成较为合理的预期，不确定性影响更大，消费亦变得更为谨慎，从而会形成较强的消费习惯。

6.2.3.3　流动性约束、不确定性认知与城乡居民消费习惯形成

流动性约束是指经济活动主体因其货币与资金量不足，且难以从外部获得，从而不容易实现其预想的消费与投资量，造成经济中总需求不足的经济问题。最早提出流动性约束的是托宾（Tobin，1971）与弗莱文（Flavin，1973）。流动性约束使得消费者对当期收入较持久收入假说与生命周期假说更为敏感，未来收入对当期消费作用有限，因而面临流动性约束较强的消费者则表现得更为"短视"。"短视"一定程度上意味着个体缺乏对未来更好的掌控力，个体受不必要的干扰越多，确定性因素就越少，从而对当期收入产生过度敏感。具体表现为：不管个体当前是否需要向金融机构进行借贷，只要面临流动性约束，它就会使得个体降低当前消费，增加储蓄。增加储蓄是为了抵消未来收入下降对消费的影响，从而消费者表现出更强的预防性动机，预防性动机的产生一部分是消费者要保证可预期到的未来消费，另一部分则是为了抵御不可预期到的经济不确定性的影响。

就中国"储蓄增长高涨、消费增长低迷"经济现象的原因解释中，具有代表性观点之一就是中国居民面临较强的流动性约束。但田青与高铁梅（2009）考察了中国 1985～2008 年的储蓄状况后得出，这 20 多年的时间里，居民储蓄增长了 130 多倍，刨除价格影响因素也还有近 32 倍，因此他们质疑我国居民存在较强的流动性约束，因为居民手中持有大量的金融资产，所以认为我国居民不存在流动性不足问题，流动性约束对我国居民消费影响不明显。然而，单从储蓄变动看流动性约束明显不足，居民所处的生命周期，物价上涨、医疗养老等问题都会强化流动性约束。例如，关乎居民基本生活的住房价格在中国经济转轨时期后上涨明显，若储蓄的增长难以跟上房地产价格的上涨，即便储蓄增长较快，居民同样会面临不同程度的流动性约束。由此，流动性约束的影响依然存在，但田青与高铁梅（2009）的研究仍然能为我们提出流动性约束产生不确定性从而带来居民谨慎的消费观点提供有力支

持，居民拥有消费习惯形成可以一定程度上规避不确定性风险的影响。

私人耐用品消费租赁市场化较低使得农村居民面临更强的流动性约束，农村居民不确定性增多。消费者增加对耐用品的消费，必须在当前一次性购买下来，由于我国私人信贷市场不发达，市场化程度较低，加之居民收入与财富水平总体不高，因而消费者必须进行一段时间的事前储蓄才能具备购买能力。对于耐用品消费而言，早消费的效用要大于迟消费，在私人信贷受限的条件下消费者要想提早进行耐用品消费就必须提高短期净储蓄（袁志刚，1999；叶海云，2000）。"流动性约束"与"短视"行为也是对我国消费需求疲软现象的一种解释（叶海云，2000）。虽然我国耐用品消费私人信贷仍不发达，但已形成一定规模。商业银行与各商户联手，消费者办理银行信用卡可以对一些耐用品采取分期付款的方式提前消费。然而个人信用的建立需要一定条件，城镇居民较农村居民在办理个人信贷业务方面更加容易，同时也会获得更高的信用额度。故而，相比城镇居民，在耐用品消费上，农村居民具有更强的流动性约束，未来经济不确定性增多（比如对耐用品的迟消费可能会在将来以更高的价格消费该商品），农村居民不得不加大储蓄力度以期更早获得耐用品消费的效用，消费谨慎程度增强。

房地产价格上升与购房政策多变增强了城乡居民的流动性约束，而农村居民由于财富水平较低、收入增长缓慢以及对经济政策的难以有效把握将面临更强的流动性约束，从而未来不确定性影响更多。依据国民收入核算，住房投资并未计算在居民消费支出里，但购房计划却影响居民消费支出。21 世纪后几年开始，中国房价普遍上涨，尤其对于一、二线城市房价涨势更是空前。为抑制日益上升的高房价，2010 年后，政府一度出台一系列限制政策，例如，提高住房公积金贷款利率，实行二套房限购政策等措施，政策的实施确实使得房价涨幅得到一定的控制，但遗憾的是居民更多的持观望态度，存在预期偏误，大多数居民认为房价会大幅下跌，故等待的较多，实际购买的较少，商品房需求疲软，房地产市场也进入低迷期。为进一步释放流动性，推动房地产市场繁荣以及经济增长，随后的几年中，政府又确定了不同的调控目标，实施促进商品房销售的政策，提高住房公积金贷款额度，降低贷款利率，推行住房公积金异地购房等政策，房地产市场回暖，国内一线城市——深圳、上海、北京等地房地产价格经历短期低迷后 2015 年开始重新反弹且涨幅较之前更加明显。在这些政策的带动下，国内其他城市房价也逐渐回升，房价的大幅上涨意味着农村居民在收入增长缓慢的情况下会面临更强的流动性约束。另外，流动性约束的变化对于人们短时期内调整消费比较有效，但频繁的政策变动也会令居民存在不安心理，个体认知能力较弱、经济基础薄弱的居民更难以合理安排自身的消费计划，唯有进行更多的储蓄才能为未来增添更多保障，消费亦变得更加谨慎。

6.2.3.4 教育、医疗等社会保障、不确定性认知与城乡居民消费习惯形成

受教育程度是居民收入多少的决定性因素之一，同时它也一定程度上反映居民应对、处理不确定性能力的强弱。具有较高文化素质的人群其消费谨慎程度较低，不仅是因为他们具有相对较高的收入水平，同时也是因为他们对经济信息与政策信号的辨识能够更好的把握，不确定性影响亦相对较少，从而不易形成较强的消费习惯。相反，受教育程度较低人群在市场化的进程中，面对诸多不确定性更容易出现畏惧心理，害怕做出改变，维持当下或许成为他们最好的选择，这种对不确定性认知的更多限制往往加剧了经济中本身存在的不确定性影响，使得这部分群体不仅从现实中而且从心理上面临更多的不确定性。居民在养老、医疗保障上存在更多后顾之忧。随着市场化的逐渐深入，个体承担的经济风险也日渐增多，各种保障制度的确立与完善是个体应对未来生活的有力保证。较低的社会保障福利意味着个体自身在未来会承担更多的经济风险，从而后顾之忧加重，不确定性心理增强。另外，较低的社会保障本身也代表着个体应对不确定性影响能力较弱。两个方面共同作用会使得消费者面临更为严重的不确定性影响。

依据中国统计数据，20 世纪 90 年代以后，城镇居民消费结构发生明显变化，消费支出中食品、衣着、家庭设备及用品和服务支出的比重呈现不断下降趋势，而居民在医疗保健、教育文娱以及居住与交通通信上的支出比例不断上升。一些学者认为医疗保健与教育具有较强的制度变迁特征。1998年，我国开始推行"三项改革"，医疗保险制度改革、医疗卫生体制改革、药品生产流通体制改革，中间历经了四大基本制度与医疗领域的"四大体系"。总体上，我国城镇医疗保障制度经历了四个阶段：第一阶段，1978 ~ 1998 年，医疗保障改革试点阶段，这一阶段为探索期，由公费医疗制度向适

度自费制度过渡。第二阶段，1998 年，城镇基本医疗保险制度确立，并进入全面发展阶段。第三阶段，1999～2006 年，探索城镇多层次医疗保障体系，并于 2006 年将农民工纳入覆盖人群，提出要积极稳妥解决农民工社会保障问题。这一时期，社会医疗保险机构以及商业保险公司可以开办补充医疗保险，对补充医疗保险制度的探索有利于提高参保人员的保障水平，能够抵御更大的医疗支出风险。第四阶段，2007 年以后，城镇居民医疗保险制度试点，并于 2009 年全面铺开。我国农村医疗保障制度的核心是农村合作医疗制度，主要经历以下两个阶段：第一阶段 1978～2003 年，农村合作医疗发展改革进程。20 世纪 80 年代，农村开始实行家庭联产承包责任制，家庭重新成为农业生产的基本经营单位，以集体经济为依托的农村合作医疗失去了资金来源。第二阶段，2003 年开始，新型农村合作医疗改革，中央颁布了《关于进一步加强农村卫生工作的决定》，并要求到 2010 年在全国农村基本建立起"适应社会主义市场经济体制要求和农村经济社会发展水平的农村卫生服务发展体系和农村合作医疗制度"，农村合作医疗制度的发展和完善从此有法可依。在这一过程中，药品生产流通体制、药品价格管理体制也进行了一定的改革，取得一定进展。医疗体制改革带来了医疗支出的增加，以往个人在公费医疗体制下无须承担医疗费用的支出风险，不确定性较小。医疗制度改革后，个人医疗费用支出与比重均增加，医疗服务市场的逐渐深化也使得药品价格、医疗费用大幅上涨。同时"看病难看病贵"现象凸显，多年医改也很难实现让每个人都能"病有所医"。医疗保险能够为个人负担一部分费用支出，但能够使用医疗保险的药品类别往往价格偏高，使用条件苛刻，而且异地使用存在困难，这些都使得即便拥有医疗保险也经常出现难以轻松应对的局面。医疗支出增加，且风险逐步转向由个人承担使得个体不得不保持较为谨慎的消费行为，尽可能多的储蓄以应对未来的不确定性。城镇居民医疗保障体系相对完善，保障程度较高，农村居民保障体系建立较晚，完善期也更长，农村居民在医疗服务方面会面临更多的不确定性，解决、处理突发问题的条件较差，也因此会承担更多由不确定性引发的经济风险。

"科教兴国""以人为本"战略增强了中国居民对教育的重视程度，教育投入增长较快，居民文化素质整体水平呈现大幅提升。国家九年业务教育政策为家庭教育支出节省了开支，然而教育资源相对匮乏与激烈的应试竞争使得家庭对子女无论在课堂还是课外的教育投入都大幅增加。同时，教育资源的短缺也滋生了一些不正当的竞争，父母为替子女寻求更好的教育资源不惜更多投入。除此之外，为配合子女入学与提供更优越的生活条件，购买学区房或在学校附近租住房屋，为子女高强度的学习配给各种膳食、营养等都需要更多的资金投入。从 1992 年开始，我国高等教育开始大范围推行招生收费制度改革，自费生比例提高，学费也较之前明显上涨，到 1997 年，我国高等教育全面实行收费制度，学费从几百元上升至现今的几千元，有些专业已经达到万元以上。随着高等教育的普及，经济增长速度的下滑，大学生就业竞争压力增大，继续深造是寻找更多、更好就业机会的一种有效途径。教育机会增加，教育年限延长，必然带来较多的教育支出，相当于降低了居民收入水平，在预期教育投入支出增加的共同作用下，其他消费支出会减少，同时也削弱了居民抵御不确定性影响的能力。相比城镇，农村教育资源市场竞争较小，从这一点上看，农村居民面临的不确定性较小。这是因为：一是近年来中国居民对教育的重视程度整体上有所增强，但农村居民对教育的重视程度仍显不足；二是城镇人口密度大，地区内学校数量较多，但教育资源禀赋不同使得教育教学质量存在明显差异。相比较而言，农村居民人口分布稀疏，每一地区教育资源数量较少，彼此间不存在明显的差异，教育资源相对均等，人们之间互相攀比的心理基本不存在，因而也未出现激烈"争夺"教育资源的现象。城镇居民对教育的重视程度高，教育投入多，除提高文化等综合素质外父母更希望子女未来可以做到经济独立。从这个意义上讲，增加教育投入也是帮助子辈提高应对未来不确定性能力的一种手段，对不确定性处理能力的较高要求本身就来自于经济中不确定性的影响。

城乡居民对不确定性认知存在明显差异，从而形成不同的消费习惯。然而不难发现，这些影响最终都反映在个体对未来的预期上，也就是无论个体自身禀赋、偏好、所处环境如何，其消费决策都是在预期基础上形成的，而不确定性影响本身也发生在未来某个时期，故为进一步检验城乡居民受不确定性影响差异，即经济中确定性影响的多少，我们将依据第 2.4 节给出的检验过程对影响居民消费的两个主要预期——持久收入预期与通胀预期是否理性进行检验。若居民两种预期均为理性，则说明消费者具有一定能力排除不必要的干扰，从而经济生活中确定性因素较多，不确定性影响较少，这种不确定性影响效应的大小也主要源于对不确定性的认知与抵御能力如何。

6.3 城乡居民理性预期检验与消费理性分析

计量经济学为经济问题研究提供了理论实验室，可以用来结构分析、政策评价与经济预测。然而困难的是现实的复杂性会不同程度导致理论与实际发生偏离，从而人们在纷繁复杂的经济环境中更多的依赖对未来的预期。预期对个体的消费选择显得尤为重要，是否具有理性预期也是个体消费行为理性与否的关键。若个体具有较为理性的预期，说明个体具备较为充分的知识、技能，即具备较为准确的计算未来的能力。理性的预期首先是较为稳定的预期，个体能够根据当前各种经济信息预测未来一段时间的经济走势，包括人们比较关注的收入、物价、利率等因素，从而安排自身的消费选择。依据本书第2.3节，理性预期可以降低个体的消费习惯形成效应，预期不理性，看不清未来就无法预知与避免未来可能发生的经济风险，小心慎行、畏手畏脚，自然很难大踏步前行，从而形成较强的消费习惯。

本书提出习惯形成是居民处理不确定性外部表现的观点，城乡居民对不确定性认知能力的不同将导致他们在经济生活中应对、处理不确定性上存在差异，对不确定性的应变能力越弱，则更容易形成越强的消费习惯。较强的习惯形成会减少居民有效消费，带来效用损失，从而使消费偏离理性状态。谨慎消费是规避不确定性风险的一种方式，然而这种风险的规避更多的是心理上的感觉，只有就消费作出有利于当前与未来的调整才能真正改善消费者境况，降低不确定性风险。由于不确定性是预期偏离理性的一个主要原因，处理不确定性的能力越弱，消费者就越难做到理性预期，当然也越不容易实现理性消费。因此，具备理性预期才有可能将各种不确定性影响降至最低，经济中确定性因素增多，消费者可以更为科学合理的安排自身的消费选择以实现最大满足，进而消费趋于理性。此部分，将针对持久收入预期与通胀预期进行理性检验，进一步从实证角度为不确定性认知引发习惯形成进而带来消费的理性与否提供经验支持。

6.3.1 持久收入理性预期与消费理性分析

莫迪利亚尼的生命周期假说与弗里德曼的持久收入假说认为个体会将自己一生的财富与资源在他生命中的每期进行均等分配，这说明，在给定的一个时期里，个人的消费不是取决于当期收入，而是由一生的初始财富与劳动收入所决定。然而，弗莱文（Flavin，1981）研究发现当期收入对消费的影响远高于持久收入预期，这一现象被称为"过度敏感"问题；而坎贝尔和迪顿（Cambell and Deaton，1989）研究得出消费增长率受收入增长率影响系数约为0.5，消费者既不是具有远见的，就像持久预期假说规定的那样，也不是如绝对收入理论认为的完全短视，这一问题被称为消费的"过度平滑"问题。弗里德曼（Friedman）的理性持久预期假说认为消费依赖于永久收入而并非现期收入。永久收入指消费者可以预计到的长期收入，它大致可以根据所观察到的若干年收入数值的加权平均值计得（高鸿业，2008）。

本章利用第4章获得的实际有效消费的省级时间序列判断城乡居民消费是否遵循理性持久收入预期假说，验证居民消费是否存在过度敏感与过度平滑，实证得出城乡居民对不确定性认知的差异，以此为居民关乎不确定性认知引发习惯形成进而带来消费的理性与否这一结论提供经验支持。

6.3.1.1 城镇居民理性持久收入预期检验

持久收入理性预期假说（REPIH）认为消费依赖持久收入，并且随机性收入是不确定性的唯一来源，除滞后一期消费 C_{t-1} 外，其他所有 t 期以前的经济指标都对 C_t 预测无用。按照霍尔（Hall，1978）的方法，REPIH 检验包括正交性与敏感性两种检验（刘建民，2003），具体方法为：首先，正交性检验即检验条件期望 $E_t(C_t \mid C_{t-1}, I_{t-1})$ 是否能够显著地被信息集 I_{t-1} 预测，若对消费具有显著预测力，则就拒绝标准理性预期——持久收入假说作为消费行为的合理解释。信息集 I_{t-1} 通常包括消费的高阶滞后项（不含有滞后一期）与收入的滞后项，相应的正交性检验包括消费高阶滞后项预测能力检验与收入滞后项预测能力检验；其次，敏感性检验则是检验条件期望 $E_t(C_t \mid C_{t-1}, X_t - E_{t-1}X_t, E_{t-1}X_t)$ 中预期到的部分对消费变动是否有解释能力，如果可以，则意味着消费对当期收入过于敏感，因此拒绝 REPIH 假设。其中 X_t 包括 t 期收入、利率等经济变量，而收入是敏感性检验主要关注的对象。

本章用来检验的主要经济变量为消费与收入，其中收入变量的选择与上述城镇居民消费研究一致，为城镇居民家庭人均可支配收入（单位：元），消费则利用城镇居民实际有效消费水平 $\hat{C}_t$（单位：元），并均经过价格调整（1995 年 = 100），利率选用一年期居民存款利率，数据为省级面板数据，由于包含习惯形成滞后期消费的影响，所包含的时期年限为 1997~2014 年。

1. 城镇居民消费的正交性检验。

沿用霍尔（Hall，1978）的做法，分别对消费与收入滞后项进行正交性检验，并考虑利率的影响，估计模型如下：

$$\Delta\ln\hat{C}_t = \gamma_1 + \sum_{i=1}^{q}\beta_i\ln\hat{C}_{t-1-i} + \beta_{q+1}\ln(1+i_t) + \varepsilon_{1t} \tag{6.1}$$

$$\Delta\ln\hat{C}_t = \gamma_2 + \sum_{i=1}^{q}\beta_i\ln Y_{t-i} + \beta_{q+1}\ln(1+i_t) \tag{6.2}$$

原假设 H_0：$\beta_j = 0$，（$j = 1$，2，$\cdots$，q），若接受 H_0，则正交性检验通过，说明理性预期收入假说可以作为消费行为的合理解释，相反若拒绝 H_0，则此检验失败，消费并非随机游走，也即 REPIH 不能解释所有的居民消费行为。

利用实际有效数据 $\hat{C}_t$ 估计上述方程。首先对省级面板数据进行平稳性与协整检验。由于被解释变量是一阶差分，为避免样本损失过多，模型（6.1）右边选取滞后 2 期的有效消费值，模型（6.2）选取滞后 1 期的收入值，利用相同单位根下的 LLC 与不同根下的 ADF 检验发现 $\Delta\ln C_t$、$\ln C_{t-2}$、$\ln Y_{t-1}$、$\ln(1+i_t)$ 均为平稳序列。相应的数据平稳性检验见表 6-3，同时 Fisher 协整检验显示模型（6.1）与模型（6.2）变量之间都至少存在两种协整关系。

表 6-3　城镇居民持久收入预期正交性检验模型各变量面板数据平稳性检验

变量	LCC	P 值	ADF – Fisher Chi^2	P 值	检验类型（c，t，n）	结论
$\Delta(\ln\hat{C}_t)$	-11.0648	0.0000	202.304	0.0000	（c，t，0）	平稳
$\ln\hat{C}_t$	-7.0889	0.0000	116.205	0.0000	（c，t，2）	平稳
$\ln Y_t$	-1.9753	0.0241	72.2129	0.0993	（c，t，1）	平稳
$\ln(1+i_t)$	-32.3205	0.0000	447.096	0.0000	（c，t，0）	平稳

注：显著性水平为 10%，c、t、n 分别表示是否带有截距项、时间趋势以及滞后阶数。

就模型（6.1）形式选择的三种残差平方和依次为 $S_1 = 0.482$、$S_2 = 0.534$、$S_3 = 0.617$，F_2 统计量为 1.351，豪斯曼效应检验概率 P 值为 1.0000，故应选用不变参数随机效应模型；模型（6.2）形式选择的三种残差平方和依次为 $S_1 = 0.532$、$S_2 = 0.578$、$S_3 = 0.655$，F_2 统计量为 1.197，豪斯曼效应检验概率 P 值为 0.8097，也选用不变参数随机效应模型，正交性检验参数估计结果见表 6 - 4。

表 6 - 4　　　　　城镇居民持久收入预期正交性检验参数估计结果

模型	β_1	t 统计量 P 值	β_2	t 统计量 P 值	残差序列平稳性
模型（6.1）	- 0.0058	0.3545	- 0.1725	0.7020	平稳
模型（6.2）	7.89E - 06	0.9988	- 0.3749	0.4160	平稳

表 6 - 4 方程估计结果显示消费高阶滞后项与收入滞后项对当期消费均不具有显著影响，说明消费的高阶滞后项与收入的滞后项对当期消费支出不具预测能力，利率变动在两方程中对消费决策也不具显著影响，这与近年宽松的利率政策对收入增长的促进作用较小相吻合，通过消费与收入滞后项影响看 H_0 被接受，正交性检验成立。

2. 城镇居民消费的敏感性检验。

敏感性检验主要基于收入 Y，用于估计的方程形式如下：

$$\Delta \ln \hat{C}_t = \rho_0 + \rho_1 E_{t-1}(\ln Y_t) + \rho_2 [\ln Y_t - E_{t-1}(\ln Y_t)] + \rho_3 \ln(1 + i_t) + \varepsilon_{3t}$$

$$(6.3)$$

原假设 H_0：$\rho_1 = 0$。若 t 检验接受 H_0，则通过敏感性检验，REPIH 理论框架能够合理解释消费行为，相反则不能进行解释。实际消费 Y_t 将被分解成两部分，一部分为可预期收入，另外一部分则为不可预期收入，它们分别是模型（6.3）中的第二项与第三项。利用自回归移动平均 $ARMA(p, q)$ 模型将各截面城镇居民收入分别进行分解，结果显示绝大多数为一阶差分与二阶差分的高阶自回归过程，极少数省份为原序列平稳，并将模型拟合值作为可预期部分，残差部分作为不可预期部分估计模型（6.3）。利用 $AR(p)$ 模型将所有截面缺省数据补充完整，数据年限为 1997 ~ 2014 年。

模型（6.3）面板形式选择的三种残差平方和依次为 $S_1 = 0.359$、$S_2 = $

0.447、$S_3 = 0.621$，两个 F 统计量，$F_2 = 2.451$、$F_1 = 1.185$，豪斯曼检验概率值为1.0000，因此模型应选用随机效应变截距模型，表6-5报告了方程参数估计结果。结果显示，收入的不可预期部分对消费决策具有显著影响，而可预期收入与利率的变动对居民消费决策无显著影响，参数 ρ_1 的概率P值显示应接受原假设 H_0，即消费对当期收入不敏感，则可接受REPIH假设，敏感性检验通过。

表6-5 城镇居民持久收入预期敏感性检验参数估计结果

参数	参数值	$P_{t\text{-}statistic}$
ρ_1	0.0075	0.1396
ρ_2	0.1276	0.0000
ρ_3	−0.6809	0.1057

6.3.1.2 农村居民持久收入理性预期检验

与城镇居民理性预期检验方法一致，此部分也包括正交性检验与敏感性检验。本部分用来检验的主要经济变量为农村居民消费与收入，其中收入变量的选择与之前农村居民消费研究一致，为农村居民家庭人均纯收入（单位：元），消费则利用第4章获得的农村居民实际有效消费水平 $\hat{C}_t$（单位：元），并均经过价格调整（1995年=100），数据为省级面板数据，时期为1997~2014年，利率选用居民一年期定期存款利率。

（1）农村居民消费的正交性检验。

利用模型（6.1）与模型（6.2），原假设 H_0：$\beta_j = 0$，（$j = 1, 2, \cdots, q$），若接受 H_0，则正交性检验通过，说明理性预期收入假说可以作为农村居民消费行为的合理解释，相反若拒绝 H_0，则此检验失败，消费并非随机游走，也即REPIH不能解释所有的居民消费行为。

运用农村居民省级实际有效消费数据时间序列 $\hat{C}_t$，估计上述方程。首先对面板数据进行平稳性与协整检验，与城镇居民不同的是，由于农村居民整体收入水平较低，消费更大程度上依赖于收入，故选择消费的滞后2期与收入的滞后2期项，利用相同单位根下的LLC与不同根下的ADF或PP检验发

现 $\Delta\ln\hat{C}_t$、$\ln\hat{c}_{t-2}$、$\ln Y_{t-1}$、$\ln(1+i_t)$ 均为平稳序列,相应的数据平稳性检验见表 6 – 6。同时 *Fisher* 协整检验显示模型(6.1)变量之间至少存在 1 种协整关系(*At most 1* 概率 P 值为 0.0000;*At most 2* 概率 P 值为 0.2784),而模型(6.2)变量间为至少存在两种协整关系,协整性检验通过。

表 6 – 6　　　农村居民持久收入预期正交性检验模型各变量面板数据平稳性检验

变量	LC – T	P 值	ADF – Fisher Chi^2	PP – Fisher Chi^2	P 值	检验类型 (c, t, n)	结论
$\Delta(\ln\hat{C}_t)$	– 15.3151	0.0000	202.576		0.0000	(c, t, 0)	平稳
$\ln\hat{C}_t$	– 7.7915	0.0000	93.8244		0.0020	(c, t, 2)	平稳
$\ln Y_t$	– 5.4827	0.000		109.518	0.0001	(c, t, 1)	平稳
$\ln(1+i_t)$	– 32.3205	0.0000	447.096		0.0000	(c, t, 0)	平稳

注:显著性水平为 1%,c、t、n 分别表示是否带有截距项、时间趋势以及滞后阶数。

模型(6.1)形式选择的三种残差平方和依次为 $S_1 = 1.247$、$S_2 = 1.483$、$S_3 = 1.617$,两个 F 统计量 $F_2 = 1.292$、$F_1 = 1.176$,豪斯曼效应检验概率 P 值为 0.0731,选用固定效应变截距模型;模型(6.2)形式选择的三种残差平方和依次为 $S_1 = 1.050$、$S_2 = 1.353$、$S_3 = 1.520$,两个 F 统计量 $F_2 = 1.395$、$F_1 = 1.190$,豪斯曼效应检验概率 P 值为 0.0000,模型也选用固定效应变截距模型,参数估计结果见表 6 – 7。

表 6 – 7　　　　　　农村居民持久收入正交性检验参数估计结果

模型	β_1	$P_{t\text{-}statistic}$	β_2	$P_{t\text{-}statistic}$	β_3	$P_{t\text{-}statistic}$	残差序列平稳性
模型(6.1)	0.0321	0.0568	1.2508	0.2163			平稳
模型(6.2)	– 0.249	0.0888	0.250	0.0905	3.651	0.0000	平稳

表 6 – 7 显示,在 10% 的显著性水平下,农村居民消费滞后高阶项与收入滞后项对消费具有显著影响,即它们对当期居民消费支出存在显著的预测能力,同时,就模型(6.2)看,利率的变动对农村居民消费决策也有明显

的影响，说明利率政策较为有效，并且利率变动的方向与消费支出变动方向相同，说明对于农村居民来说，并非宽松的利率政策有利于促进消费的增长，原假设 H_0 被拒绝，正交性检验失败。

2. 农村居民消费的敏感性检验。

与城镇居民相同，运用模型（6.3）进行农村居民消费的敏感性检验。原假设 H_0：$\rho_1 = 0$。若 t 检验接受 H_0，则敏感性检验通过，REPIH 理论框架能够合理解释农村居民消费行为，否则该理论不能予以解释。实际消费 Y_t 同样被分解成两部分，一部分为可预期收入，另外一部分则为不可预期到的收入，分别是模型（6.3）中的第二项与第三项。首先利用自回归 AR(p) 模型将省级农村居民收入进行分解，各省份时间序列为一阶差分或二阶差分平稳，其次，将模型拟合值作为可预期收入，残差部分作为不可预期收入。模型三种形式残差平方和分别为 $S_1 = 1.266$、$S_2 = 1.543$、$S_3 = 1.797$，F_2 统计量为 0.571，豪斯曼检验概率 P 值为 0.0000，故应选用不变参数固定效应模型，表 6－8 报告了参数估计结果。

表 6－8　　　　　　　　农村居民持久收入敏感性检验参数估计结果

参数	参数值	$P_{t\text{-statistic}}$
ρ_1	-0.0068	0.3935
ρ_2	0.1983	0.0001
ρ_3	2.3882	0.0011

表 6－8 中估计结果显示，收入可预期与不可预期部分对当期消费增长的影响显著不同，依据敏感性检验要求若收入可预期部分不具解释能力，即消费对当期收入不敏感，则可接受 REPIH 假设，敏感性检验通过。敏感性检验中消费变化对利率的反应与正交性检验相同，且二者均为同向变化，进一步说明宽松的利率政策并不利于农村居民的消费增长。

综上所述，由于正交性检验未被通过，故 REPIH 不能解释农村居民消费行为，农村居民消费不具理性持久收入预期。

6.3.1.3　持久收入理性预期与消费理性

上述研究表明，整体上，近 20 年间，中国城镇居民消费具有持久收入理性预期,而农村居民消费不具持久收入理性预期,这一结果与第 5 章城乡居民消费理性检验结果可以互相支撑。

1. 消费的"过度敏感"与"过度平滑"问题。

消费的"过度敏感"指消费受当期收入的影响要远高于持久收入的预期。本章基于中国城镇居民省级消费数据的实证分析显示,城镇居民具有持久收入理性预期,对当期收入影响不敏感,持久收入预期假说能够较好的解释城镇居民消费行为,故消费总体上不存在"过度敏感"问题。而基于农村居民省级消费时间序列数据的实证分析虽然显示敏感性检验通过,但正交性检验未通过,因此农村居民不具持久收入理性预期,且滞后收入对消费变化有显著效应,因而农村居民消费存在"过度敏感"现象。

消费的"过度平滑"为消费的波动幅度小于收入的波动幅度,也即对未预期收入的过度不敏感。消费对预期收入的过度敏感以及对未预期收入的过度不敏感(即过渡平滑)是同时存在的(邓可斌和易行健,2010)。迪顿(2003)认为,过度敏感是消费对暂时性收入的变化反应过度,过度平滑是消费对持久性收入变化反应不足,消费的过度敏感与过度平滑是同一现象的两个侧面。依据迪顿的解释,城镇居民消费不存在"过度敏感"与"过度平滑",而农村居民消费既具有"过度敏感"性又具有"过度平滑"性。

2. 习惯形成与消费的"过度敏感"和"过度平滑"。

习惯形成理论其中一个应用就是解释消费的"过度敏感"与"过度平滑"。若消费具有习惯形成,持久收入改变家庭消费决策调整是缓慢的,由于消费习惯与滞后期消费有关,这也就不难解释当期消费变动与滞后收入相关的现象(Deaton,1992;Carroll et al.,2000)。上述基于总量消费的实证研究得出城镇居民消费不具习惯形成效应,而农村居民消费具有习惯形成效应,且城乡居民消费分别为不存在与存在"过度敏感"现象,故而符合习惯形成理论的解释。就消费"过度平滑"现象的解释,习惯形成理论认为,受消费惯性的影响,即使收入受到冲击时,消费也不会出现剧烈变化,故而消费的波动幅度要小于收入的波动幅度。虽然农村居民消费倾向整体高于城镇居民,并且消费变动受未预期收入影响显著,但依据迪顿(2003),农村居民对持久收入存在反应不足,故农村居民消费同样存在"过度平滑"现象。

表 6-9 列出了中国城乡居民消费的相关情况,表中第二列"是否具有显

著习惯形成效应"中结果是依据第 4 章研究结论给出。上述研究显示城乡未预期收入冲击对居民消费均具显著效应，这也说明习惯形成带来的一成不变的消费令人感到厌烦，中国城乡居民都期待对自己的消费决策作出适当改变。

表 6－9　　　　城乡居民习惯形成、持久收入预期与消费理性状况

类别	是否具有显著习惯形成效应	是否具有消费理性	消费是否存在过度敏感	消费是否存在过度平滑	是否具有理性持久收入预期
城镇居民	否	是	无	无	是
农村居民	是	否	有	有	否

综上所述，城镇居民消费具有理性，而同时也具有持久收入理性预期，农村居民消费不具理性，也同样不具备持久收入理性预期，实证分析为将居民是否具有持久收入理性预期作为消费是否理性的一种解释提供了经验支持。具有持久收入理性预期的居民，对于不确定性的认知能力较强，消费受到收入冲击的影响会较弱，从而经济中确定性因素增多，消费决策的制定更加合理，习惯形成不强，消费趋于理性。依据模型（6.3）获得的城乡居民就不可预期收入的影响参数 ρ_2 的数值大小就可以看出，城镇居民这一系数为 0.1276，而农村居民这一系数为 0.1983，农村居民消费变动受未预期收入变动的影响要远大于城镇居民，说明农村居民更容易受到收入不确定性的影响，这意味着农村居民不确定性认知能力不强，消费更为谨慎，习惯形成较强，消费也难以实现理性。

6.3.2　通货膨胀理性预期与消费理性分析

依据一般经济理论，影响消费的主要因素除收入外还有价格水平，因此猜想具有消费理性的消费者可以对物价变动进行较为合理的预期。

就通胀预期估算较常使用的方法主要有四种：第一，根据中央银行或其他金融机构的调查数据进行估计，主要针对居民对未来物价的变化（张蓓，2009；张健华和常黎，2011）；第二，利用金融市场不同期限债券的收益率进行估算（姚余栋和谭海鸣，2011）；第三，依据宏观经济理论、模型与数理

经济方法，选择一些影响通胀预期的主要变量进行回归估计（李颖和林景润，2010）；第四，基于自回归移动平均 $ARMA(p, q)$ 模型对通胀预期进行估算（李成马和文涛，2009；孙力军和朱洪，2011）。本书的做法是将上述第三、第四种种方法结合起来，依据经济理论，选取适合的解释变量，并考虑滞后期通货膨胀的影响。数据仍为省级面板数据，涉及年限为 1995～2014 年，选取居民消费价格指数作为衡量物价水平变动的变量（1995 年 = 100）。宏观经济理论表明，经济增长能够带来通货膨胀，故选用收入作为物价变动的因素，同时依据价格时间序列特征利用自回归模型，将滞后期价格指数同时引入模型，并取以上变量序列的自然对数值，建立以下价格预期的面板计量经济模型（6.4）。p_t 为 t 期实际价格水平，p_t^e 为预期的价格水平，y_{t-1} 为 $t-1$ 期收入，p_{t-j} 为滞后 j 期的通货膨胀率，ε_t 仍为白噪声序列。将模型拟合值作为消费者可预期的通货膨胀率。

$$\ln p_{i,t}^e = \alpha_i + \beta_i \ln y_{i,t-1} + \sum_{j=1}^{p} \omega_{i,j} \ln p_{i,t-j} + \varepsilon_{i,t} \tag{6.4}$$

将模型（6.4）被解释变量的拟合值作为居民通货膨胀预期值，并将其与经济中实际发生的通货膨胀率进行线性拟合，验证居民是否具有理性通货膨胀预期。卢卡斯（Lucas，1972）所说的理性预期是指，人们在形成他们的预期时，不会犯系统性错误，从概率论的角度讲，就是要求人们的预期价格与实际价格之差的期望值为零，即 $\pi_t = E_{t-1}(\pi_t) + \upsilon_t$，$\pi_t$ 为通货膨胀率，υ_t 为白噪声。因此理性预期的假设由两部分组成：一是需要假设 $\pi_t = \delta E_{t-1}(\pi_t) + \upsilon_t$，并检验 $\delta = 1$ 成立与否；二是，若 $\delta = 1$ 成立，则需要对 υ_t 进行白噪声检验。

6.3.2.1 城镇居民通胀预期理性检验

1. 城镇居民预期通货膨胀率。

选取中国 1995～2014 年城镇居民人均可支配收入（单位：元），以及中国城镇居民消费物价指数的省级年度数据（1995 年 = 100）。依据模型（6.4）建立中国城镇居民通胀预期面板数据模型。经检验 $\ln p_{i,t}$，$\ln y_{i,t-1}$ 以及 $\ln p_{i,t-1}$ 均为一阶平稳序列（显著性水平为 5%），并且模型变量间具有明显协整关系。模型（6.4）三种形式的残差平方和分别为 $S_1 = 0.108$、$S_2 = 0.131$、$S_3 = 0.181$，两个 F 统计量 $F_2 = 3.411$、$F_1 = 1.654$，豪斯曼检验概率 P 值为 0.0000，故模型

（6.4）应选用变系数固定效应模型。表 6 – 10 报告了相应的参数估计结果。

表 6 – 10　　　　　　城镇居民价格预期模型参数估计结果

省份	β_i	$\omega_{i,1}$	省份	β_i	$\omega_{i,1}$	省份	β_i	$\omega_{i,1}$
北京	0.053 (0.059)	0.730 (0.000)	浙江	0.054 (0.006)	0.797 (0.000)	海南	0.063 (0.001)	0.761 (0.000)
天津	0.072 (0.001)	0.737 (0.000)	安徽	0.106 (0.000)	0.530 (0.001)	四川	0.145 (0.000)	0.487 (0.002)
河北	0.096 (0.000)	0.566 (0.000)	福建	0.071 (0.002)	0.715 (0.000)	贵州	0.080 (0.000)	0.688 (0.000)
山西	0.062 (0.002)	0.713 (0.000)	江西	0.067 (0.014)	0.700 (0.000)	云南	0.110 (0.000)	0.679 (0.000)
内蒙古	0.049 (0.009)	0.802 (0.000)	山东	0.055 (0.027)	0.723 (0.000)	陕西	0.068 (0.000)	0.751 (0.000)
辽宁	0.030 (0.010)	0.897 (0.000)	河南	0.094 (0.000)	0.631 (0.000)	甘肃	0.069 (0.000)	0.810 (0.000)
吉林	0.057 (0.000)	0.783 (0.000)	湖北	0.105 (0.000)	0.585 (0.000)	青海	0.087 (0.001)	0.783 (0.000)
黑龙江	0.056 (0.003)	0.761 (0.000)	湖南	0.100 (0.003)	0.594 (0.000)	宁夏	0.078 (0.001)	0.712 (0.000)
上海	0.060 (0.038)	0.768 (0.000)	广东	0.093 (0.000)	0.659 (0.000)	新疆	0.107 (0.000)	0.565 (0.000)
江苏	0.059 (0.001)	0.751 (0.000)	广西	0.127 (0.000)	0.545 (0.000)			

$\overline{R}^2 = 0.98$；F – statistic = 295.28

注：括号中数据为对应参数 t 统计量的概率值。

　　由于模型选用对数变量，因此各变量斜率系数均为弹性。其中，β_i 反映收入增长对价格增长的影响，参数 $\omega_{i,1}$ 为各截面滞后一期价格增长对当期价格增长的影响程度。6 – 10 表明，收入政策对各截面居民通胀预期存在不同影响。影响程度最大的是四川，对应系数为 0.145；其次为广西，为 0.127；云南为 0.110；最低的是辽宁，为 0.03；内蒙古也较低，为 0.049。若从东、中、西三大地区来看，收入影响的回归系数均值依次为 0.068、0.081、0.092，即三大地区居民收入增长 1 个百分点，通货膨胀分别上升 0.068 个、0.081 个与 0.092 个百分点。总体看来，居民通胀预期与所在地区经济发展水平呈反向变化趋势，经济较强地区居民表现出较低的通胀预期，而经济较弱地区居民则表现出较高的通胀预期。这可能是由于经济强、弱地区城镇居民生活水平存在明显差异，经济较强地区城镇居民已经习惯了较高的收入与消费水平，对一般商品价格的反应敏感程度较小；而经济较弱地区城镇居民消费更多地依赖于收入，收入的变动使得这些地区城镇居民对通胀预期反应敏感，因此，收入政策虽然能够较明显地促进经济较弱地区居民消费增长，但也会为这些地区城镇居民带来严重的通胀预期，进而降低居民消费。滞后一期价格变动对当期通胀的影响效应要明显大于收入增长。辽宁省最为明显，参数为 0.897，滞后一期价格增长 1 个百分点，居民预期当期就会有 0.897 个百分点的价格增长，最低为广西，参数为 0.545。大多数省份这一回归系数都在 0.6 ~ 0.8 之间，说明居民通胀预期更多的是根据价格自身变化来判断。东、中、西三大地区城镇居民对滞后期价格增长的反应的敏感系数平均值分别为 0.737、0.622 与 0.682。

2. 城镇居民通货膨胀预期理性检验。

将模型（6.4）被解释变量的拟合值作为城镇居民通货膨胀预期值，并依据卢卡斯（Lucas，1972）方法将其与经济中实际发生的通货膨胀率进行线性拟合，验证城镇居民是否具有理性通货膨胀预期。变量取自然对数，$\ln \hat{p}_t$ 相对于 $\ln p$ 的斜率系数即可看作参数 δ。表 6-11 记录了各截面这一参数值。

表 6-11　　　　　　　　　城镇居民理性通胀预期检验结果

省份	δ_i	t_{ADF}	省份	δ_i	t_{ADF}	省份	δ_i	t_{ADF}
北京	1.00 (0.000)	-3.3909 (0.0880)	浙江	1.00 (0.000)	-3.6388 (0.0635)	海南	1.00 (0.000)	-3.7838 (0.0481)
天津	1.00 (0.000)	-5.2632 (0.0042)	安徽	1.00 (0.000)	-4.2975 (0.0223)	四川	1.00 (0.000)	-1.4047 (0.8082)
河北	1.00 (0.000)	-5.2084 (0.0046)	福建	1.00 (0.000)	-3.9876 (0.0344)	贵州	1.00 (0.000)	-4.7410 (0.0098)

续表

省份	δ_i	t_{ADF}	省份	δ_i	t_{ADF}	省份	δ_i	t_{ADF}
山西	1.00 (0.000)	-3.588 (0.0660)	江西	1.00 (0.000)	-4.4956 (0.0163)	云南	1.00 (0.000)	-3.6300 (0.0595)
内蒙古	1.00 (0.000)	-4.0307 (0.0320)	山东	1.00 (0.000)	-4.999 (0.0064)	陕西	1.00 (0.000)	-3.7758 (0.0487)
辽宁	1.00 (0.000)	-4.1547 (0.0261)	河南	1.00 (0.000)	-6.399 (0.0007)	甘肃	1.00 (0.000)	-3.8675 (0.0398)
吉林	1.00 (0.000)	-3.4806 (0.0811)	湖北	1.00 (0.000)	-4.9289 (0.0072)	青海	1.00 (0.000)	-2.7037 (0.2476)
黑龙江	1.00 (0.000)	-5.1502 (0.0050)	湖南	1.00 (0.000)	-4.4613 (0.0172)	宁夏	1.00 (0.000)	-4.6061 (0.0123)
上海	1.00 (0.000)	-3.3811 (0.0917)	广东	1.00 (0.000)	-3.7325 (0.0523)	新疆	1.00 (0.000)	-4.1304 (0.0254)
江苏	1.00 (0.000)	-3.5584 (0.0720)	广西	1.00 (0.000)	-4.0413 (0.0315)			

表6-5中 δ_i 括号中数据为对应参数的 t 统计量值，其原假设为 H_0：$\delta = 1$；表中 t_{ADF} 为残差序列 ADF 单位根检验中的 t 统计量值，括号中数据为对应 t 统计量的概率 P 值。表6-11中数据显示，各省份参数 δ 都近似为1，且其 t 统计量值均为0，绝对值小于临界值，故原假设 H_0：$\delta = 1$ 各截面均被接受。从残差序列单位根检验情况看，除四川、青海外的其他截面其残差序列均具平稳性，故总体上看，中国城镇居民具有理性通货膨胀预期。

6.3.2.2　农村居民通胀理性预期检验

同样采用模型（6.4）估算农村居民通货膨胀预期。使用 1995～2014 年数据，收入变量 y_t 选用农村居民家庭人均纯收入（单位：元），价格指数 p_t 选取农村居民消费价格指数，并以 1995 年为基期进行调整，数据均为各省份相关经济数据。经检验发现，$\ln y_t$、$\ln p_t$ 与 $\ln p_{t-1}$ 不满足同阶单整，不具有协整前提，故以 (y_t / c_t) 之比作为价格水平变动的解释变量，同时考虑收入、消费的变化，而变量 $\ln(y_t / c_t)$ 可以一定程度上反应储蓄增长的变动趋势，它与收入变化方向相同。面板模型三种形式选择的残差平方和依次为 $S_1 = 0.247$、$S_2 = 0.277$、$S_3 = 0.287$、$F_2 = 0.839$，故模型选择不变参数模型。表 6 – 12 报告了相应的参数估计结果。

表 6 – 12　　　　　　　　　农村居民价格预期模型参数估计结果

参变量	参数值	标准差	t 统计量	$P_{t\text{-}statistic}$
β	– 0.00987	0.0087	– 1.13826	0.2556
ω_1	1.05653	0.0081	130.6548	0.0000
$\overline{R}^2$	0.975			
$F_{statistic}$	9782.227			

表 6 – 12 中结果显示，参数 β 不具显著性，而滞后一期价格水平 ω_1 具有显著性，由此对于农村居民，收入政策以及居民消费行为（或储蓄行为）对居民形成通胀预期的作用较小，农村居民主要依据以往价格水平作出对未来价格变化的预期。这可能是由于农村居民消费对当期收入存在过度敏感性，消费更多的依赖收入的变化，价格变化的影响不及收入。另外，也是由于农村居民整体知识、文化水平较低、消费观念与技能较落后等因素，致使农村居民不能利用更广泛的信息来进行通胀预期，导致农村居民更多的是依据价格本身的变动趋势来预期未来价格的走势。

结合表 6 – 12 参数估计结果，利用卢卡斯（Lucas，1972）方法对农村居民通胀预期进行理性检验，检验结果见表 6 – 13。

表 6 – 13　　　　　　　　　农村居民理性通胀预期检验结果

省份	δ_i	t_{ADF}	省份	δ_i	t_{ADF}	省份	δ_i	t_{ADF}
北京 [*]	0.9802 （– 1.389）	– 3.4485 （0.0801）	浙江 [**]	0.9959 （– 0.179）	– 4.0783 （0.0278）	海南	1.0372 （0.9418）	– 0.1640 （0.9860）
天津	1.0034 （0.179）	– 3.1899 （0.1191）	安徽	0.9960 （– 0.184）	– 0.6290 （0.9597）	四川	0.9907 （0.6078）	0.2818 （0.9957）
河北	1.0136 （0.544）	– 0.3789 （0.9763）	福建	0.9978 （– 0.087）	– 1.0617 （0.9005）	贵州	0.9942 （– 0.276）	– 1.1189 （0.8901）

续表

省份	δ_i	t_{ADF}	省份	δ_i	t_{ADF}	省份	δ_i	t_{ADF}
山西	1.0016 (0.086)	−0.9123 (0.9267)	江西	1.0054 (0.225)	−0.7190 (0.9510)	云南*	0.9897 (−0.644)	−3.3316 (0.0947)
内蒙古	0.9929 (−0.470)	−2.9679 (0.1682)	山东	0.9982 (−0.093)	0.1077 (0.9932)	陕西	0.9936 (−0.379)	−2.8307 (0.2063)
辽宁	1.0052 (0.2241)	−0.9874 (0.9148)	河南	1.0007 (0.0304)	−0.6504 (0.9560)	甘肃	1.0003 (0.0182)	−2.0892 (0.5102)
吉林	1.0049 (0.2414)	−0.6208 (0.9604)	湖北	1.0042 (0.1883)	−1.0216 (0.9089)	青海	1.0046 (0.2705)	−3.0514 (0.1481)
黑龙江	1.0144 (0.5143)	−0.6702 (0.9559)	湖南	0.9915 (−0.470)	−1.0755 (0.8988)	宁夏	1.0064 (0.2949)	−3.0380 (0.1512)
上海**	0.9907 (−0.645)	−3.9948 (0.0304)	广东	1.0047 (0.1358)	−3.2380 (0.1102)	新疆	1.0100 (0.4762)	−2.7663 (0.2263)
江苏	1.0057 (0.2953)	−0.0807 (0.9886)	广西	1.0053 (0.1436)	−1.1621 (0.8809)			

注：*、**分别表示对应截面农村居民在10%以及5%的显著性水平下具有理性通胀预期。

同样，表中 δ_i 包含两行数据，第一行为第 i 个省份 δ_i 参数值，第二行括号中数据为对应参数的t统计量值，其原假设 H_0：$\delta_i = 1$，若对应参数t统计量值小于临界值 $t_{\alpha/2}(T-2)$，此处 α 为给定的显著性水平，T 为样本涉及年限，则接受 H_0 的原假设；t_{ADF} 列也包括两行数据，第一行为对应截面残差序列ADF单位根检验中的t统计量值，括号中数据为对应t统计量的概率P值，若P值小于给定的显著性水平，则残差为平稳序列。

表6-13显示，在10%与5%的显著性水平下，分别有4个截面农村居民具有理性通胀预期，它们是北京、云南，上海与浙江。从农村居民整体情况来看，其他25个截面农村居民通胀预期不具理性。在参数 $\delta_i = 1$ 的检验中，所有省份均通过检验，然而，其对应的残差序列仅有以上4个截面满足平稳性，故综合来看，中国农村居民不具理性通胀预期。

表6-14将城乡居民理性通胀预期与消费理性状况进行了简要对比。中国城乡居民中，城镇居民具有理性通胀预期，农村居民不具理性通胀预期。

理性通胀预期预示着城镇居民具有较强的辨识、整合各类经济信号的能力，认识、抵御不确定性的能力较强，从而具有灵活的消费决策，偏好更能及时得到满足，消费能够实现理性。进一步为城乡居民不确定性认知引发习惯形成下的消费理性与否提供了经验支持。由此，城镇居民消费理性源于其受不确定性影响较少，确定性因素影响较多，预期较为理性，从而习惯形成较弱。习惯形成为不确定性认知的外部表现，若居民具有较强的抵御不确定性影响的能力，消费谨慎程度就会较小，已形成的某种习惯也不会过于久远，消费瞬时选择灵活性较强，效用损失较少，消费理性成为可能。

表 6-14 城乡居民消费理性与通胀预期理性状况

中国城乡居民	是否具有消费理性	是否具有理性通胀预期	备注
城镇居民	是	是	除四川、青海 2 个省份外，其他 27 个省份城镇居民具有理性通胀预期
农村居民	否	否	仅有北京、上海、浙江、云南 4 个省份农村居民具有理性通胀预期

【小结】综合本章，依据所建立的效用模型研究发现习惯形成导致了中国城乡居民消费的理性与非理性。中国经济自进入转轨时期开始，市场化程度逐步加深，经济中各种不确定性增多，个体承担经济风险增大，而习惯形成恰类似于一种谨慎行为，它是居民抵御并规避经济风险的一种防御行为。结合近年我国实际经济状况，本书第 2.3 节提出"习惯形成是居民不确定性认知，即抵御、处理不确定性能力的外部表现，而非面对不确定性多少的外部反应"这一观点。消费者若具有较好应对不确定性影响的综合能力，经济中确定性因素会更多，其个体预期也会越理性。通过对中国城乡居民持久收入预期与通货膨胀预期的理性检验发现理性预期对应消费理性，进一步验证了习惯形成、不确定性认知与消费理性之间的关系，为不确定性认知引发习惯形成进而带来居民消费理性程度不同的观点提供了经验支持。城镇居民消费具有理性恰是因为他们抵御不确定性影响的能力较强，预期更加合理，因而习惯形成较弱，实际有效消费水平更高，消费趋于理性。具体来看，从中

国转轨时期开始市场化程度不断加深以及宏观政策环境变化所引发的不确定性入手，就中国城乡居民受不确定性影响从而形成不同强度的消费习惯最终导致了消费理性差异进行分析，包括：第一，城乡居民收入差距与农村居民收入增长不稳定使得农村居民消费习惯形成更强。第二，货币变动产生不确定性。一方面带来了通货膨胀，另一方面在促进经济增长的同时拉大了城乡居民收入差距，为农村居民抵御不确定性影响，制定合理消费决策提出了更大挑战。第三，从流动性约束角度分析得出农村居民由于面临较强的流动性约束，消费受限，唯有进行更多的储蓄才能在未来某个时间实现自己的消费计划，从而当前不得不保持谨慎的消费行为，习惯形成较强，消费不具理性。第四，从教育、医疗等社会保障引发不确定性方面，农村居民由于受教育程度较低，医疗、养老等社会保障体系尚不完善直接导致他们收入水平低，对未来生活缺乏足够信心，消费审慎程度增强。中国市场化程度逐步加深无疑令城镇居民面临更多的不确定性，但城镇居民由于具有应对不确定性的能力较强，即使宏观经济环境复杂，各种经济信号交互影响，城镇居民仍然能够较好的加以整合和处理，由此经济中确定性因素增多，城镇居民更容易形成持久收入与通货膨胀的理性预期，从而消费具有理性。而农村居民也正是由于辨识、处理不确定性能力较弱从而习惯形成较强，进而消费很难趋于理性。

第7章

城乡居民消费增长路径选择

本书所提出的习惯形成下的"消费理性"需满足两个条件：一是效用最大化，二是偏好满足外在阶段一致性。就中国城乡居民 1995～2014 年消费理性检验结果表明城镇居民消费具有理性，而农村居民由于实际有效消费在总体上与效用最大化时的均衡消费不具有统计上的一致性，且这一时期偏好也不满足外在阶段一致性假设，故认为农村居民消费总体不具理性。本书在第 2 章已经做了说明，即现实中不存在完全理性与完全非理性的消费者，个体都是理性与非理性的结合体，出于简便原则，我们将不满足所设定理性条件的消费统一看作为非理性。习惯形成带来了中国城乡居民消费的理性与非理性，它是居民不确定性认知的外部表现。由于对不确定性的认知、处理能力不同使得城乡居民形成了不同强度的消费习惯，进而导致了实际消费与均衡消费产生不同程度的偏离。因此，降低习惯形成要从增强居民不确定性认知能力考虑。特别地，城镇居民消费理性说明城镇居民已经适应当前的经济环境，促进城镇居民消费增长要从改善经济结构入手寻找解决途径。

7.1 城镇居民消费增长路径选择

城镇居民消费整体上已趋于理性的检验结果告诉我们在当前不确定性较多的经济环境中，城镇居民具有较强的认知、抵御不确定性影响的能力，消费行为已经适应形成已久的经济环境。持久收入与通胀理性预期检验也说明，城镇居民受到不确定性影响较小，能够通过较强处理不确定性的能力合理辨识、整合各种经济信号，确定性因素增加，从而对未来形成较为理性的预期，也正是如此居民消费对短期总需求经济政策反应不敏感。因而，对于城镇居民必须从经济结构深层次改革发力，改善总需求与总供给失衡的经济状况，要在调整总需求的基础上，配合总供给管理的经济政策，提高供给体系的质量与效率；同时改革的过程中要注重政策的稳定性，增强居民理性预期能力，减少经济中不确定性因素的影响，缓解居民消费习惯形成，从而促进消费增长。因此，本章主要从两方面阐述促进城镇居民消费增长的路径选择：一是浅层次缓解习惯形成影响，即降低习惯形成强度，减少谨慎消费；二是城镇居民消费理性与供求失衡的经济结构下，居民对短期总需求政策反应不敏感，因此促进城镇居民消费增长要立足于改善供求失衡的供给侧结构改革，提高有效供给能力，从深层次降低城镇居民消费习惯形成。

7.1.1　缓解习惯形成影响的城镇居民消费增长路径

伴随中国转轨时期市场经济的逐步深化与各项制度的改革，中国居民面临更多的不确定性。安于现状、谨慎消费虽然能令消费者一定程度上规避经济风险，但却未必能保证原有的效用水平不受损失，尤其在利率不断走低，物价上涨的过程中。城镇居民 1995～2014 年的消费理性说明城镇居民相比农村居民面临的不确定性数量较多，但辨识、处理经济信号的能力较强，从而经济中的确定性因素影响增多，实际受不确定性影响较少，因而可以对未来形成较为理性预期，习惯形成较弱。此种情况下促进城镇居民消费增长，政府宏观调控应注重经济政策的"稳中求进"与减少"后顾之忧"，而城镇居民也要从主观上保持消费思想与消费技能的"与时俱进"。

（1）稳经济政策。稳定的政策下信号导向清晰、明了，消费者较容易形成合理的预期，正确的决策会带来消费者信心的提升，居民消费才更有可能趋于理性。而理性消费意味着消费者认知、处理经济中不确定性影响的能力增强，从而使消费形成良性循环。经济新常态下经济增长速度放缓也是发展的必然，在寻求新增长点的过程中，稳定的经济政策是维持当前经济增长速度的有效手段。政策不稳定会催生更多的不确定性，稳定的经济政策通常会贯穿较长时期，因而也能较好的避免短期突发仅仅治标的政策导向带来的干扰。例如，近年来利率调整较为频繁，但对消费需求刺激的效果不大，而且还催生了更多的不确定性，持续走低的利率会带来投资持续增加，这使得居民有理由预期未来会出现更为明显的通货膨胀，消费亦变得更加谨慎；购房政策的多次调整也带来了居民消费选择的困难。房地产建筑业为我国经济发展的支柱产业，1998 年前后住房分配体制的市场化改革促进了实际需求的增加，房地产业的繁荣一度为中国带来了显著的经济增长。然而，2010 年前后，房地产价格涨幅空前，其对经济增长的引擎作用却逐渐减弱，经济中的结构性问题凸显。为抑制房价上升，政府相关部门先后出台了限制政策，提高公积金贷款利率、限购二套房等，遗憾的是，对于未来房价走势，很多人做出了还会进一步下跌的预期，因此限制房价上升的政策并未有效引领购房需求量的增加，经济增长速度下滑，随后政府转换政策目标，继续刺激总需求，降低贷款利率、放开二套房限购、允许住房公积金异地使用等政策，一时间国内一线、二线城市房地产价格不同程度反弹，居民又形成未来房价还会走高的预期，在某些地区出现了购房高峰、一房难求的现象。虽然，在国民收入核算分类中，住宅计入投资而非消费，但居民未来的购房计划会影响当期消费决策，购房计划预期不稳定，必然会引起消费决策的混乱，从而增加了消费选择的难度，人们不得不保持谨慎的消费行为，从而消费增长受到阻碍。

（2）继续深化、完善医疗、养老体制改革，解决居民的后顾之忧。城镇居民消费占居民总消费的比重较大，继续提升城镇居民消费是促进居民消费明显增长的有力体现。建立健全完善的医疗、养老保障体系是降低居民习惯形成的关键因素。市场经济使得越来越多由原来集体承担的经济风险转向个体负担，居民对未来产生更多的担心，加之所处的生命周期使得成为社会中流砥柱且收入较高的中青年群体消费倾向偏低，从而不利于整个社会消费的增长。随着科技的创新与经济的发展，消费理念与消费形式日趋多样化，人们的偏好也会随之波动。若医疗、养老等问题不能得到较好的保障，居民就会有较多的后顾之忧，对未来基本生活的维续存在更多担心，消费决策很难紧跟自身偏好的变化，只能一如既往的保持从前，故而当前消费必然偏离最大化时的均衡消费，消费满足减少。在建立健全医疗、养老等保障体系的同时还要完善人力资源保障制度，加强企业用工的监督与管理。国家鼓励中小型企业的创立和开办，一些中小型企业虽然为缓解社会就业压力做出了贡献，但为降低生产成本，一部分企业不能严格遵循国家有关劳动用工的相关规定，劳动者的福利待遇得不到保障（如企业未为员工办理养老、医疗等保险、公积金等），这类人员则必然持有更加严重的后顾之忧，经济中无论是客观存在的还是主观放大的不确定性都会更多，抵御不确定性影响的能力较弱，加之本身收入水平不高，消费因此会变得更加谨慎。

（3）居民自身要采取积极态度，努力增强应对、抵御经济不确定影响能力。居民应将对不确定性的处理做为适应多变市场经济环境与降低习惯形成强度的一项基本技能。这就要求，首先要转变消费观念，做到"以变应变"。一方面，不确定性会长期存在，且数量可能不会减，强度也可能会更大，展现形式也会日趋多样。中国目前大力实行的供给侧结构性改革是中国政府带领中国人民打的一场转变经济增长方式、挖掘经济持续增长动力的硬仗，这一改革无疑是深层次的。需求与供给管理本是宏观经济政策应关注的两个主要方面，结合我国实际经济状况，近二三十年来，政策调控主要是针对总需求一侧，经济增长也主要源于对总需求的成功调节。但随着总需求的逐渐扩大，需求与供给难于协调发展，资源的有限性与无效供给的增加为供给跟上需求的增长带来了阻碍。而理论中总需求经济有效发挥的是建立在供给可以无限扩大的假设基础之上的，当然这一假设是在需求严重不足，资源大量闲置的经济背景下提出的。供求的失衡使得经济结构矛盾日益凸显，供给侧结构改革就是要去除阻碍经济可持续发展、提升资源利用与配置效率，提高居民福利的症结，这一改革必然是范围更广，程度更深。改革就会存在风险，经济中的不确定性会增加，而且这种不确定性也会因改革供给管理而非需求管理而与以往变得不同，因此对居民就未来不确定性的认知与处理都将提出更多挑战。另一方面，在各种不确定性影响面前，单一的维持原有的消费选择显然不能成为一种有效手段，尽管能够一定程度规避经济风险，但同时又会遭受其他经济风险带来的影响，更为严重的是可能会丧失更好的改善自身境况的机遇。风险与收益相辅相成，这就好比是将多余的收入放在银行储蓄还是投资股市，若储蓄，收益较小，风险也较小，最直接的风险就是未来的通货膨胀，而投资股市风险较大但收益可观。如果最初基础货币量较多，那么两种选择最终会带来两种差别较大的结果，即两种情况使得原来同样数量的财富水平会产生较大差距，贫富差距就此扩大，国民收入重新分配。改革开放以后，中国实行了一部分人先富起来的政策，国家鼓励个人经商创业，一些人抓住机会纷纷"下海"，闯出一片天地；20 世纪 90 年代初，中国股市处于起步上升阶段，一些人看准机会，大胆尝试，从此跻身于"富人"行列；1998 年以后，中国实行住宅分配制度改革，随着房地产业市场化的逐步深入，一些人选准机会投资住宅，财富成倍增长。类似情况有很多，都说明适当的改变才是增强抵御不确定性能力的有效手段，只有积极应对才会"熟能生巧"，而在这一过程中，个人利益与社会利益也并不矛盾，积攒各项应对技能，逐渐学会与不确定性共存，也是"适者生存"的一种体现。

7.1.2 供给侧结构改革下城镇居民消费增长路径

7.1.2.1 经济结构失衡下个体对总需求政策反应迟钝

凯恩斯主义宏观经济学的总需求理论在分析国民收入如何决定时假设供给有无限能力，可以随时跟上需求的增长，因此不会引起经济中价格水平的变动。以总需求为核心的宏观经济学假定资源配置是既定的，在此基础上研究资源充分利用的问题。凯恩斯主义的宏观经济学产生于 1929～1933 年爆发的资本主义世界经济大危机，工人失业较多，资本大量闲置，"有效需求不足"理论为基础的凯恩斯主义开始逐步成为资本主义国家的主要宏观经济政策（胡鞍钢和周绍杰等，2016）。总需求的经济学为中国经济带来了长期较大幅度的经济增长，即便进入经济新常态时期，经济增长速度仍然不低。从需求结构上看，投资需求增长更多，对经济增长的贡献更大，但消费需求增长缓慢，而消费需求增长是带动投资需求增长的有效动力，若投资需求的增加不是适应消费需求的变动则潜在投资会缺乏动力，经济增长亦难前行。

供给过剩，有效供给不足的情况下，刺激总需求的经济政策会带来物价水平的上涨，并抑制总需求的增长。如图 7－1 所示，假定经济起初处于均衡状态，总供给 AS 与总需求 AD 相一致，此时经济中的产出为均衡产出水平 Y_e，即与总需求相一致的产出，均衡价格为 P_e。假定政府实施了刺激总需求的政策，需求线移动至 AD'，若供给能够跟上需求，且均为有效供给，则经济中的价格水平仍会为 P_e，AS 自动移至 AS'，此时产出增加到 Y_e'。然而，供给过剩，并非都是有效供给，假定供给曲线会移至 AS''，若价格水平仍为 P_e，新的产出水平为 Y_1，而这一水平非均衡产出，产出增加部分（$Y_1 - Y_e'$）并不是由于需求增加引起的，属于企业的非意愿存货投资，企业非意愿存货投资增加，收益减少，成本回收困难，单位售出产品生产成本增大，价格水平会一定程度上涨，假定价格从 P_e 上升至 P_e'，总需求量减少，降至 Y_2。有效供给不足，供给过剩，降低了需求量，也使得供给量与需求量差距更大，经济偏离均衡时的状态更为严重。若不适于需求的供给过多，导致价格上涨幅度则更加迅速，会形成更为严重的通货膨胀，从而总需求量降低更多。

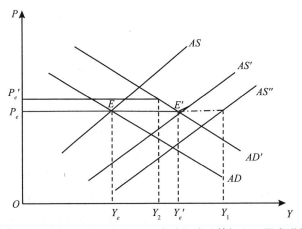

图 7 – 1　总供给过剩下刺激总需求的经济政策抑制总需求增长

19 世纪初的"萨伊定理"是供给自动创造需求的理论，它是古典主义经济学的最为重要的思想。这一理论产生于科技落后，经济几乎没有增长的时期。而现期中国有效供给不足，供给过剩不但不会带动需求的增加反而会抑制需求的增长，还会形成一系列负面影响。供给过剩带来的国民收入增加在需求相对不足的情况下导致储蓄增加，从而使得社会投资潜力进一步加大。图 7 – 1 显示，经济中最终的国民收入为 Y_1，而实际需求为 Y_2，二者差值部分应主要归为消费需求的减少，经济社会总储蓄增加为投资需求的扩大提供了条件，货币资本增多，利率下降，盲目供给、无效供给增多，需求量与供给量缺口更大。由于价格上升并非需求与供给两种力量比较的真实反映，所以市场机制作用更难有效发挥，资源配置效率较低，政府需要实施更大力度刺激总需求的政策，这也为近年来我国调控总需求政策效果给出了一种解释。另外，调控过多必然增加政策的不稳定性，效果很难预期。例如，利率下调并未带来居民消费的进一步增长，而是使得储蓄增速加快。同时，政策干预越多，市场经济越难趋于完善，价格的重要作用越不容易较好体现，不同市场类型引发的非正当市场竞争就会增加，例如，快速生产，只注重产品新奇、"夺人眼球"而不在技术、品质等实质性的创新与提升上下功夫，即便带来消费需求的增大也是暂时的，而市场信号的模糊不清也会为宏观调控带来进一步阻碍。

只有对需求侧"元动力"作出反应的供给侧结构性改革，才能促使经济增长具有动力机制。供给管理与需求管理是都是调控宏观经济的主要手段，但二者存在区别，刘伟和蔡志洲（2016）认为从时效性来看，需求管理在短期更加有效，而供给管理则需要较长的时间才能发挥作用，其影响也是更加久远；从针对性上看，需求管理注重对总量的调节，如对消费、投资以及国际收支平衡进行调节，而供给管理注重结构调整，当优化各种经济结构已经成为当前或未来较长一段时期里经济增长的必要条件时，供给管理显得更为重要。中国存在的问题并非供给不足而是产能过剩，因此进行供给侧结构改革势在必行。首先要清除经济中过多的供给，解决突出存在的企业成本过高、库存过多的难题，这是平衡供需的首要目标。同时要转变以投资需求为核心的经济增长方式，优化供给结构，增加有效投资。淘汰过剩产能，淘汰整合那些高耗能、高污染、高浪费与低效率的"三高一低"企业；严格管理商业银行资本运作，避免过多货币资本流入股市、楼市，增加对实体经济的扶持；鼓励有实质性的科技创新，而并非"花样式"的翻新，提高资源的使用效率，降低能源消耗[①]；推动产业结构升级，加快第三产业的发展等。

---

① 改革开放后，我国能源消费对经济增长的弹性系数一直保持在0.8~0.9，经济发展并没有改善能源消耗状况，而且目前中国已经成为全球最大的能源消费国，能源消费总量占世界的比重已超过20%（刘伟和蔡志洲，2016）。

7.1.2.2 供给侧结构改革与城镇居民消费习惯形成

供给过剩与有效供给不足也容易催生个体消费习惯的形成。上述分析了不适于需求的供给过剩对经济形成了一系列的负面影响，无论是物价上涨、市场化程度加大或是宏观调控的时滞与不稳定都增加了居民经济生活中的不确定性，从而使他们形成更为谨慎的消费行为，习惯形成更加久远，强度更大。无效供给带来了诸多不真实与模糊信号，对居民抵御不确定性影响、降低习惯形成效应带了更多挑战与难题，同时也对个体消费技能提出更高的要求，这些都会使得消费者偏离消费理性状态。

因而供给侧结构性改革对降低居民习惯形成，提升消费理性、从而促进消费增长可以起到积极作用。第一，实施供给侧结构性改革可以进一步增加居民收入。通过税收制度改革减少企业生产过程中的税收，在生产过程完成之后再对各个收入主体征税（刘伟和蔡志洲，2016），可以降低企业生产成本，增加劳动收入，而收入提高能够增强居民抵御不确定性的能力，缓解谨慎行为，从而增加消费。第二，供给侧改革能够带来技术进步。供给侧结构改革使得企业生产减负，生产成本降低，生产产品能够更加顺应人们的需求，企业就有条件进行更加贴近实际也更为适用的技术创新，生产力水平有望进一步提高。而生产出来的产品也会刺激并改变居民长期形成的对商品固有的需求，激发个体新偏好的形成，这是降低习惯形成的内在动力。同时，技术进步意味着效率更高，人均国民收入会增长，居民福利水平提高，而且生产成本降低或上升幅度缓慢，价格水平也会避免出现较大幅度的上涨。第三，供给侧结构性改革可以有效抑制通货膨胀，从而增加社会总需求量。图7-1显示，由于有效供给不足，供给过剩造成企业生产成本上升导致社会物价总水平升高，降低社会总需求。供给侧结构性改革增加有效供给、减少无效供给，供给可以相对较好的跟上需求的增长，从而物价水平上涨幅度较之前更小，社会总需求量可以得到一定程度的释放。而更为重要的是，此时的价格水平更能反映真实的需求与供给，市场机制效果更佳，资源配置更为合理。第四，供给侧结构性改革可以帮助提升居民消费选择灵活性，从而习惯形成不会太久远，习惯强度有所降低。供给侧结构改革淘汰过剩产能、库存，同时生产会紧跟消费需求，就可以减少经济中不被需要的过剩产品，相当于降低了居民消费选择难度，从而消费决策会变得更为灵活，习惯形成会降低，消费谨慎程度减少。

7.2 农村居民消费增长路径选择

通过实证研究，1995～2014 年这 20 年间，中国农村居民消费不具理性，理性预期结果也进一步验证了上述结论。相比城镇居民农村居民习惯形成更强，就城乡居民形成不同强度消费习惯的原因本书主要从城乡居民对不确定性认知情况差异进行分析，由于农村居民对不确定性的辨识能力有限，不能有效抵御经济中不确定性的影响，经济中确定性因素较少，预期不够准确，从而消费也难具理性。因此就如何促进农村居民消费增长应主要从降低消费习惯，即从增强他们处理不确定性能力上寻找解决途径。

7.2.1 收入变动下农村居民消费增长路径

城乡居民收入差距逐年扩大，且农村居民收入增长稳定性较差。中国居民收入基尼系数从 1978 年的 0.30 上升至 2009 年的 0.490，而后有小幅回落，到 2016 年降至 0.465 超过世界银行规定的警戒线，收入分配高度不均等，农村居民抵御不确定性能力较低，消费谨慎程度较高，习惯形成较强。同时收入增长的不稳定也令农村居民对持久收入较难形成理性预期，消费更不容易实现理性。另外，与城镇居民收入、消费水平的差距更容易造成农村居民对未来不确定性会更多、应对难度会更大的畏惧心理，从而经济中的不确定性影响被主观放大。近些年来农村居民消费水平整体上与城镇居民相差悬殊，农村居民消费倾向、消费收入弹性却保持较高，第 4 章实证分析也获得居民习惯形成越强，收入增长对消费增长作用越大的结论，因此提高居民收入的政策相比城镇居民而言，对农村居民消费增长会更为有效。

可支配收入是消费能力的充分反映。目前农民收入增收困难主要有以下原因：一是制度障碍，主要指城乡二元结构（陈锡文，2002；黄少安，2003）、农地制度（黄季焜，2000）与金融制度。并且中国金融发展对农民收入增长具有负效应，直接导致城乡居民收入差距加大与城乡二元结构更强（温涛等，2005）。金融发展本身就充斥着各种不确定性，消费者信贷约束放宽，贮存财富手段也更加多样，投资形式也更为丰富。然而金融风险也随之增多，这就要求消费者要擅于利用各种金融工具。农村居民熟悉、擅长的金融手段较为原始与落后，这也使得在金融市场发展过程中城镇居民拥有财富水平较农村居民增长更快，加之对各种金融工具难以有效把握，未来受不确定性影响必然增多。二是城乡人力资本差距，教育资源短缺、教育投资较少、接受学习、培训的渠道不足等因素都使得农村居民人力资本水平较低，在经济、科技快速发展的今天这无疑是农民收入较低的主要原因。

为提高农村居民收入，国家从 2004 年起实行了一系列促进农村居民收入提高的惠农政策，增加了农村居民的转移性收入。这些惠农政策包括：农业补贴、取消农业税、贫困补助、灾害补贴、一次性补偿或补贴、退耕还林补贴，扩大农民就业，以及医疗、养老补贴等政策。2001～2008 年，我国农民人均纯收入年增长 6.7%，随着收入的增长，消费也快速增加，这一时期消费增长年均 8%，快于收入的增长（方松海和王为农，2011）。张玉梅（2015）也研究得出这些惠农政策使得转移性收入（农村居民低收入人群收入的主要来源）在总收入中的比重明显上升，从 2004 年的 3.9% 上升至 2014 年的 8.8%，且分析得出惠农政策可以缩小城乡居民收入与差距，能够帮助低收入组居民向上流动。一些学者也就如何提高农村居民收入给出了政策建议，如户籍制度改革。城乡居民收入差距 28% 可由户籍制度直接解释（Shi，2002；孙永强，2012），因此加快城市化进程可以提高农村居民收入水平，缩小城乡居民收入差距，并且这一过程还能增强农村劳动流动性；加强农村基础设施建设（程开明和李金昌，2007）；增强金融支持。农村资金大量流转到城市，乡镇企业从农村金融机构融资困难，金融机构的信贷存在政府偏好（唐新建和陈冬，2009），中小企业的发展瓶颈抑制了农村居民收入的提高，因此要增强农村部门外部融资度（孙永强，2012）。除此之外还有提高农村劳动人力资本存量等措施。

然而张玉梅（2015）也指出，贫困地区低收入组收入水平不稳定使得即便进入中高收入组也很有可能滑回原来水平，应采取更多稳定收入的政策措施。稳定收入政策更为关键的是能够令农村居民对持久收入形成较为理性的预期，而经济中的理性预期越多，不确定性影响就会越弱，从而消费有望实现理性。因此，增强农村居民收入稳定性比较重要。工资性收入是农村居民一项重要的收入来源，20 世纪 90 年代后，由于农村人口外出务工人员逐渐增多，工资性收入在农村居民收入中比重更大。因而提高工资性收入与增强工资性收入稳定性是进一步提高农村居民收入、抵御不确定性影响进而缓解消费习惯的重要方面。与城镇居民相比，农村居民工资性收入较低且不稳定，主要是由于：一是大多数农村居民在城镇并无固定居住场所，农村居民并未就外出务工制定较长期的、有计划的安排；二是农村居民外出务工工种季节性、周期性明显，因而他们的工资性收入具有相应特征的波动；三是农村居民劳动专业技能较差，很难跟上经济发展与科技进步，即人力资本水平较低。上述情况容易产生农村劳动力的摩擦性失业与技术性失业。

综上所述，从消费理论看，提高与稳定农村居民收入是促进农村居民消费增长的持续动力。另外，收入的稳步提高增强了农村居民抵御经济中不确定性影响的能力，经济中确定性因素增多，居民就持久收入越容易形成理性预期，从而消费审慎程度较小，习惯形成较弱，消费更易于增长。

7.2.2 通货膨胀预期下农村居民消费增长路径

由于农村居民收入水平整体较低，因而相比城镇居民，农村居民消费更看重商品价格。表 7 - 1 列出了 1995 ~ 2014 年 20 年间中国城乡居民消费物价指数平均值，各省份均以 1995 年城镇与农村居民物价指数为基准进行调整。除北京、天津、上海 3 个直辖市，其余 26 个省份中有 21 个省份的农村居民消费价格指数平均值高于城镇居民。农村居民收入的较低水平与消费价格指数的较快增长使得农村居民实际货币购买力更低，通货膨胀的再分配效应进一步拉大了城乡居民收入差距。

表 7 - 1　城乡居民 1995 ~ 2014 年消费价格指数平均值（1995 年 = 100）

省份	城镇居民	农村居民	省份	城镇居民	农村居民	省份	城镇居民	农村居民
北京	132.9		浙江	121.71	120.29	海南	111.95	114.62
天津	121.66		安徽	122.42	122.91	四川	128.61	131.14

续表

省份	城镇居民	农村居民	省份	城镇居民	农村居民	省份	城镇居民	农村居民
河北	119.39	121.61	福建	118.59	117.46	贵州	123.68	128.42
山西	123.26	128.68	江西	123.34	120.44	云南	125.33	129.07
内蒙古	123.18	130.55	山东	123.15	124.87	陕西	118.68	129.54
辽宁	116.30	124.08	河南	121.55	125.89	甘肃	121.27	133.30
吉林	117.83	123.31	湖北	122.01	124.61	青海	137.71	141.03
黑龙江	120.79	120.15	湖南	122.25	131.36	宁夏	123.60	127.99
上海	125.71		广东	117.40	113.67	新疆	123.26	133.32
江苏	121.48	122.63	广西	114.69	116.48			

运用省级城乡居民消费价格指数数据计算城镇居民消费价格指数平均值与标准差分别为123.36与15.10，对应农村居民消费价格指数的两数值分别为126.78与20.19。相比城镇居民，20年间农村居民消费价格指数波动频繁，稳定性较差。价格变动的更加不稳定使得农村居民更难形成通货膨胀的理性预期。

物价稳定为宏观调控的基本目标之一，对于收入较低的农村居民，价格调控更为重要。高收入人群对价格变化不敏感，因此价格的正常浮动并不会影响居民当期乃至今后一段时间内的消费计划。相反低收入人群对现期收入与价格变动会更加敏感，价格的上升会令个体消费变得更加谨慎，从而强化了自身的习惯形成，消费习惯更强，形成也更为久远。王君美（2010）运用1995年8月至2008年7月的相关数据，研究得出农村居民消费价格指数是城镇居民消费价格指数变化的格兰杰原因，而城镇居民消费价格指数不能作为农村居民消费价格指数变化的格兰杰原因。王君美（2010）认为面对各种冲击，农村居民价格水平调整的速度要更快一些，城镇居民消费价格指数调整要相对缓慢，农村居民价格指数变动中包含城镇居民价格指数没有反应的部分。这也与较高收入人群对价格反应较迟钝相一致。同时，农村居民对冲击的更敏感也正说明了农村居民更易于受不确定性的影响。史艳华和刘铁敏（2011）实证分析得出农村居民价格指数与农村居民年纯收入、农村居民消费支出、国家财政用于农业的支出具有长期稳定关系。稳定农村居民消费价格指数可以从这几个方面入手，提高、稳定农村居民收入，农村居民潜在的购买意愿可以转化为实际消费需求，需求更有动力，消费者满足程度增加；政府要保持继续对农业的扶持，发展农业经济，提高农民的家庭经营性收入。邓海云和周莹等（2013）对中国 1997~2011 年农村居民消费物价指数 CPI 以及在各种商品结构分类上的价格指数的相关性进行研究，发现我国农村居民对娱乐、教育、文化的重视程度较低，对于医疗保健等方面的支出会催生价格指数的上涨。而医疗保健等方面的支出恰可以作为一种反映农村居民受不确定影响当前与未来的可预期状况，由此，稳定农村居民消费价格水平就要进一步完善社会保障制度。

农村居民消费价格指数的相对变化体现了他们与城镇居民对物价变动的敏感程度，更加容易发现农村居民受不确定性影响更多。由于收入较低且不稳定，社会保障制度仍不完善，因而农村居民有更多的后顾之忧，价格的变化激发了他们的忐忑心理，消费习惯也更容易形成和收紧。

7.2.3 消费环境改善与农村居民消费增长路径

农村居民消费水平长期低于城镇居民，一方面，受到收入较低的限制，另一方面，需求严重不足，尤其在我国经济处于新常态时期，提高农村居民消费更有利于我国经济的持续与平稳运行。相比城镇居民，农村居民消费环境有待进一步提高，消费环境的完善与优化无疑能够为农村居民创造更有利的消费条件，可以令他们的消费选择更加便利、安心，需求能够得到明显释放，习惯形成也会有所降低。真实消费的增加与习惯形成强度的减弱能够使得实际有效消费具有更大的上升空间，效用水平能够较大幅度增长，消费更易趋于理性。

冯小燕和刘兆征（2008）、马志敏（2016）指出消费环境指影响居民消费的外部因素，既包括水、电、交通与通信等基础设施与农村市场体系（即硬件环境），也包括医疗和就业等社保体系（即软件环境）。更广义的消费环境包括自然环境、社会与文化环境等。就消费环境对消费的影响，查尔芬特和阿尔斯通（Chalfant and Alston，1988）研究得出除收入与价格外，人口增长、妇女就业率与政府对农村相应的支持也会影响农村居民的消费结构。冯小燕和刘兆征（2008）认为农村消费环境制约农村居民消费，并以农村电网改造为例说明改造农村电网工程可以改善农村消费环境。吴学品和李骏阳（2012）通过研究发现较差的消费环境对农村居民消费会产生挤出效应。吴学品（2014）利用1999~2010年我国省级面板数据研究得出农村设施环境对居民消费结构有显著影响，而市场化程度对消费结构的影响更明显；生存类（食品、衣着与居住条件）支出对流通设施环境的依赖程度不高，发展和享受类支出对流通设施环境依赖性更强，流通设施改善有利于农村居民消费结构升级；市场化程度能够促进农村居民消费的提高。马志敏（2016）以山西省为例分析了农村居民当前的消费环境现状，主要存在以下问题：一是在基础设施方面。水资源缺乏，电网可靠性低，公路技术等级低，通信网络质量低。二是市场体系方面。农村市场体系包括农产品市场流通体系、农业生产资料流通体系，农村消费品流通体系。农村合作社规模小且专业程度低，农业生产资料与农村消费品不能较好的适应农村消费需求。三是农村保障体系虽然范围有所扩大但仍处于较低水平。

综上所述，改善农村居民消费环境应继续致力于以下方面：

（1）加强农村基础设施建设，培育新的消费增长点。与城镇居民消费结构相比较，农村居民消费中食物支出占较大比重，而耐用品消费水平较低，在其他商品结构（如通信及设备、文教娱乐等方面）的支出占比较小。加强与需求相适应的农村基础设施建设可以大大改善农村居民消费环境，农村居民不必花费更多额外成本去城镇购买所需商品，当地的消费条件就可以满足，这无疑能够增加电器设备等耐用品以及电子产品与汽车等高档商品的消费，可以有效培育新的消费增长点、促进农村居民消费的结构升级。第一，加强农村基础设施建设可以帮助加快农村经济的市场化进程与健全流通体系、完善流通环境。农村生产要素市场化与政府行为规范化滞后于农村经济市场化（吴学品，2014）。完善农村基础设施建设可以为农村的劳动力、土地、资金、经营主体等生产要素提供更多的利用机会，能够帮助农村经济加快市场化进程，从而可以改善农村居民增收困难，缩小城乡收入差距，促进农村居民消费结构升级。第二，加强农村基础设施建设能够促进新型流通组织的投资建设。农村流通组织多是集贸市场与较小规模的农家超市，商品质量、服务质量较差。人均劳动生产率低下，成本的增加提高了商品价格，以次充好更是令消费者不能放心购买，从而抑制了农村居民消费需求。若基础设施完备，交通相对便利，就能够更多吸引内、外部投资，从而形式多样、购物环境优美的消费场所就会应运而生。农村居民对商品质量与服务质量必然会提出更高的要求，商家也因此会引进较好质量的商品，消费环境的改善给予农村居民可以信赖的消费市场，质量可靠的商品与服务，就不难改变他们形成已久的消费习惯，习惯形成减弱，有效消费更多，消费日趋理性。第三，加强农村基础设施建设可以促进新型消费方式的传播。随着经济发展与科技进步，互联网技术升级与电子商务的推广使得网络消费成为新的消费方式并已在城市广泛铺开。农村基础设施的建立与完善可以提高农村电力供应能力，为互联网建设提供基础条件，增加农村居民对互联网的使用频率。网络购物令消费商品更具多样化，农村居民不同消费偏好能够较好的满足。第四，加强基础设施建设可以令农村居民逐渐更新消费观念。行为受观念、思想指引，若要农村居民明显改变其消费行为，就需要他们能够更新消费观念。农村基础设施的完善与加强能够带来交通、信息的四通八达，居民与外界沟通更加便利，也更易于开阔视野，了解、掌握与接收新的思想和观念，从而能够更快更好的摒弃那些陈腐的消费理念，降低习惯形成，农村居民也可以更加游刃有余的制定自身的消费决策，消费者偏好、预期会朝着更加合理的方向迈进，消费也会日渐趋于理性。

（2）健全农村居民社会保障体系。相比农村，城镇基础设施较完善，城镇居民文化等综合素质更高，但城镇居民仍然具有一定的消费习惯形成，经济中各种不确定性使得城镇居民仍然保持较低的消费倾向，其中市场化程度加深、社保体系的不完善且保障程度较低，都会令居民产生后顾之忧。农村社保程度更低，无论是与国内城镇居民相比还是与发达国家的农村相比，农村社保，包括最低生活保障制度、社会养老保险制度、农村医疗合作保险制度都极大制约了农村居民消费，农村居民总是把"钱袋子"搁置起来以备急时之需（冯小燕，2008）。养老与医疗保障是居民应对不确定性影响、摆脱后顾之忧从而令消费不再畏首畏尾的坚强后盾。科技、经济快速发展的同时，环境污染也日益严重，生态环境恶化，威胁居民健康的食品安全问题层出不穷，在社会保障体系尚不完善以及保障程度较低的条件下，居民对未来的健康与生存状况存在较多担心，唯有降低消费为未来进行更多的储蓄，才有能力应对日后可能出现的各种不确定性。提高农村居民福利水平应加快户籍制度改革，取消农业户口与非农业户口限制，给予农民平等的身份和待遇。农业户口的权益主要表现为宅基地与责任田，非农业户口的权益主要是依附在户籍上的一些社会福利，包括教育、医疗、就业、保险与住房等。人口专家、北京大学社会学系教授陆杰华谈道：就养老金来看，非农业户口比农业户口要多，且沿袭时间更长，制度相对成熟与完善，而农村养老金建立时间较短，保障程度不高，而且农村居民参保意识也相对淡薄。从医疗保险看，差别也较大，农业户口现行参保的新农合一般只保大病，住院才可以报销，但城镇居民和职工的医疗保险非但住院可以报销，门诊也可以使用，并且退休后也能享受医疗报销待遇。除此之外，消除户籍差别还可以提高农村居民的"隐形福利"，享受更优质的教育资源。农村居民整体文化素质偏低，专业技能较差，这是他们工资性收入低、消费谨慎继而消费习惯形成较强的因素之一。取消农业户口，可以令农村居民子女同城镇居民子女一样享受更加优质的教育资源，教学质量高、教学方法先进，农村居民科学文化素质可以得到较大幅度的提升，思想日益开化，全民素质有望得到较大提高。

总之，增强农村基础设施建设、改善农村居民消费环境，包括完善农村居民社保体系，可以解决居民后顾之忧，提升农村居民文化综合素质，产品多样且质量得到保证等实惠能从根本上转变农村居民消费观念，消费决策更具灵活性，抵御不确定性风险能力增强，从而改变他们原有谨慎的消费行为，降低习惯形成强度，理性消费更有可能得到实现。

【小结】依据中国城乡居民消费理性检验结果与原因分析可知习惯形成是城乡居民消费理性与否的根由，降低消费习惯形成强度可以增加居民有效消费使之更加贴近均衡时的消费水平，因此缓解习惯形成是城乡居民消费增长的有效途径。城乡居民消费理性状态存在差异，分别表现出理性与非理性，因而对城乡居民消费增长路径选择也会不同。由于城镇居民习惯形成较弱，消费具有理性，在当前经济结构下，提高收入等一味刺激总需求的经济政策效果不明显，缓解城镇居民习惯形成要从改善总需求与总供给失衡的经济结构入手。本章从经济学角度分析了在供给过剩、有效供给不足的经济结构中，增加总需求的政策反而会降低消费需求的增长。同时阐述了这一结构性问题如何使得居民收紧自身的消费习惯，消费变得更加谨慎，进而消费增长缓慢。在此基础上，提出供给侧结构性改革可以缓解城镇居民习惯形成，切实促进城镇居民消费需求的增长。相比城镇居民，农村居民习惯形成较强，消费不具理性，较强的习惯形成下收入增长对消费增长的促进作用明显，因而提高收入可以降低农村居民习惯形成，增加消费。另外，稳定收入与物价水平，促进农村居民形成合理预期，同时更要注重改善消费环境，包括增强农村基础设施建设、完善社保体系、改革户籍制度、提升农村居民文化素质等措施都可以明显提高农村居民消费选择的灵活性，降低习惯形成，实现消费增长。

参考文献

一、中文部分

艾春荣，汪伟．习惯偏好下的中国居民消费的过度敏感性 [J]．数量经济技术经济研究，2008（11）：98 - 114.

蔡昉．中国经济面临的转折及其对发展和改革的挑战 [J]．中国社会科学，2007（3）：4 - 12.

陈斌开，林毅夫．发展战略、城市化与中国城乡收入差距 [J]．中国社会科学，2013（4）：81 - 101.

陈斌开，张鹏飞，杨汝岱．政府教育投入、人力资本投资与中国城乡收入差距 [J]．管理世界，2010（1）：36 - 43.

陈斌开．收入分配与中国消费——理论和基于中国实证研究 [J]．南开经济研究，2012（1）：33 - 49.

陈建宝，李坤明．收入差距、人口结构与消费结构：理论与实证研究 [J]．上海经济研究，2013（4）：74 - 87.

陈健，高波．收入差距，房价与消费变动 [J]．上海财经研究，2012（2）：53 - 61.

陈凯，杭斌，等．中国城镇居民消费习惯形成的原因探索——基于受约束消费的一种解释 [J]．消费经济．2014（2）：37 - 45.

陈立平．高增长导致高储蓄：一个基于消费攀比的解释．世界经济，2005（11）：3 - 9.

陈南岳．中国过剩二元经济研究 [M]．北京：中国经济出版社，2004：145 -

146.

陈强 . 高级计量经济学及 Stata 应用（第二版）［M］. 北京：高等教育出版社，2014.

陈锡文 . 农民增收需打破制度障碍［J］. 经济前沿 . 2002（11）：4 - 6.

陈彦斌 . 中国当前通货膨胀形成原因经验研究：2003 ~ 2007 年［J］. 经济理论与经济管理，2008（2）：16 - 22.

程开明，李金昌 . 城市偏向、城市化与城乡收入差距的作用机制及动态分析［J］. 数量经济技术经济研究 . 2007（7）：116 - 125.

程开明 . 从城市偏向到城乡统筹发展［J］. 经济学家，2008（3）：28 - 36.

程令国，张晔 . 早年的饥荒经历影响了人们的储蓄行为吗？［J］. 经济研究，2011（8）：119 - 132.

崔海燕，范纪珍 . 内部和外部习惯形成与中国农村居民消费行为——基于省级动态面板数据的实证分析［J］. 中国农村经济，2011（7）：54 - 61.

崔海燕，杭斌 . 收入差距、习惯形成与城镇居民消费行为［J］. 管理工程学报，2014（3）：135 - 140.

崔海燕 . 习惯形成与中国城乡居民消费行为［D］. 山西财经大学，2012.

戴维·罗默 . 高级宏观经济学［M］. 王根蓓，译 . 上海：上海财经大学出版社，2003.

邓海云，周莹，等 . 基于 GM(1, N) 模型的农村居民消费价格指数研究［J］. 统计与决策，2013（17）：4 - 7.

邓可斌，易行健 . 预防性储蓄动机的异质性与消费倾向的变化［J］. 财贸经济，2010（5）：14 - 19.

邓翔，李锴 . 中国城镇居民预防性储蓄成因分析［J］. 南开经济研究，2009（2）：42 - 57.

迪顿 . 理解消费［M］. 胡景北，鲁昌，译 . 上海：上海财经大学出版社，2003.

董丽霞，赵文哲 . 人口结构与储蓄率：基于内生人口结构的研究［J］. 金融研究，2011（3）：1 - 14.

董雅丽 . 消费观念实证分析［J］. 商业时代，2002（9）：26 - 27.

董雅丽 . 消费观念与消费行为实证研究［J］. 商业研究，2011（8）：7 - 10.

杜海韬, 邓翔. 流动性约束和不确定性状态下的预防性储蓄研究——中国城乡居民的消费特征分析 [J]. 经济学 (季刊), 2005 (1): 297 - 316.

樊纲, 王小鲁等, 中国市场化进程对经济增长的贡献 [J]. 经济研究, 2011 (9): 4 - 16.

樊纲, 王小鲁等. 中国各地区市场化相对进程报告 [J]. 经济研究, 2003 (3): 9 - 18.

方松海, 王为农, 黄汉权. 增加农民收入与扩大农村消费研究 [J]. 管理世界, 2011 (5): 66 - 80.

冯小燕, 刘兆征. 消费环境对农村居民消费的影响——以农村电网改造为例 [J]. 农业经济问题, 2008 (6): 80 - 84.

高鸿业. 西方经济学 (宏观部分) [M]. 北京: 中国人民大学出版社, 2008.

格里高利·曼昆. 宏观经济学 [M]. 张帆, 梁晓钟, 译. 北京: 中国人民大学出版社, 2008.

杭斌, 郭相俊. 基于习惯形成的预防性储蓄 [J]. 统计研究, 2009 (3): 38 - 43.

杭斌, 申春兰. 习惯形成下的缓冲储备行为 [J]. 数量经济技术经济研究, 2008 (10): 142 - 152.

杭斌. 城镇居民的平均消费倾向为何持续下降 [J]. 数量经济技术经济研究, 2010 (6): 126 - 138.

郝东阳. 中国城镇居民消费行为的经验研究 [D]. 吉林大学, 2011.

何大安. 西方理性选择理论演变脉络及其主要发展 [J]. 学术月刊, 2016 (3): 48 - 56.

贺京同, 刘倩, 贺坤. 市场化程度、供给侧管理与货币政策效果 [J]. 南开学报, 2016 (2): 1 - 12.

赫伯特·西蒙. 现代决策理论的基石 [M]. 杨硕, 徐立, 译. 北京: 北京经济学院出版社, 1989.

胡鞍钢, 周绍杰, 任皓. 供给侧结构性改革——适应和引领中国经济新常态 [J]. 清华大学学报 (哲学社会科学版), 2016, 31 (2): 17 - 22.

黄季焜. 对农民收入增长问题的一些思考 [J]. 经济理论与经济管理, 2000 (1): 56 - 61.

黄建创. 广东城镇居民收入差距对消费结构影响实证分析 [J]. 特区经济, 2010 (6): 31 - 32.

黄少安. 制约农民致富的制度分析 [J]. 学术月刊, 2003 (6): 96 - 102.

黄娅娜, 宗庆庆. 中国城镇居民的消费习惯形成效应 [J]. 经济研究, 2014 (1): 17 - 28.

贾康, 冯俏彬, 苏京春. "理性预期失灵": 立论, 逻辑梳理及其 "供给管理" 矫正路径 [J]. 财政研究, 2014 (10): 2 - 16.

贾康, 苏京春. 探析 "供给侧" 经济学派所经历的两轮 "否定之否定" [J]. 财政研究, 2014 (8): 2 - 16.

贾男, 张亮亮. 城镇居民消费的 "习惯形成" 效应 [J]. 统计研究, 2011 (8): 43 - 48.

江晓薇, 宋红旭. 中国市场经济度的探索 [J]. 管理世界, 1995 (6): 33 - 37.

姜伟, 闫小勇, 等. 消费者情绪对通货膨胀影响的理论分析 [J]. 经济研究, 2011 (S1): 90 - 104.

姜洋, 邓翔. 居民消费行为的收入决定论——中国城乡居民消费函数的省际验证 [J]. 中央财经大学学报, 2011 (11): 74 - 80.

蒋诗, 马树才. 我国城镇居民消费行为理性的统计检验 [J]. 统计与决策, 2017 (7): 92 - 95.

孔祥利, 王张明. 我国城乡居民消费差异及对策分析 [J]. 经济管理, 2013 (5): 1 - 9.

雷钦礼. 财富累积、习惯、偏好改变, 不确定性与家庭消费决策 [J]. 经济学 (季刊), 2009, 8 (3): 1029 - 1046.

雷震, 张安全. 预防性储蓄的重要性研究: 基于中国的经验分析 [J]. 世界经济, 2013 (6): 126 - 142.

李成马, 文涛, 王彬. 通货膨胀预期与宏观经济稳定: 1995～2008 [J]. 南开经济研究, 2009 (6): 30 - 53.

李海涛, 金钰. 收入差距对城镇居民消费结构的影响 [J]. 统计与信息论坛, 2003 (5): 93 - 96.

李江一, 李涵. 城乡收入差距与居民消费结构: 基于相对收入理论的视角

[J]．数量经济技术经济研究，2016（8）：97－111．

李敬强，徐会奇．收入来源于农村居民消费 [J]．经济经纬，2009（6）：107－110．

李军．收入差距对消费需求影响的定量分析 [J]．数量经济技术经济研究，2013（9）：5－11．

李鲲鹏．中国存在稳定的消费函数吗——兼谈对E－G两步法的误用 [J]．数量经济技术经济研究，2006（11）：26－30．

李实，罗楚亮．中国收入差距究竟有多大——对修正样本结构偏差的尝试 [J]．经济研究，2011（4）：68－79．

李文星．中国人口年龄结构和居民消费：1989～2004 [J]．经济研究，2008（7）：118－129．

李颖，林景润，高铁梅．我国通货膨胀、通货膨胀预期与货币政策的非对称性分析 [J]．金融研究，201（12）：16－29．

李永宁，赵钧，黄明皓．经济学家的通货膨胀预期：理论与实证 [J]．经济理论与经济管理，2010（4）：25－32．

李勇辉，温娇秀．我国城镇居民预防性储蓄行为与支出的不确定性关系 [J]．管理世界，2005（5）：14－18．

凌晨，张安全．习惯形成下中国城乡居民预防性储蓄研究 [J]．统计研究，2015（2）：23－30．

凌晨，张安全．中国城乡居民预防性储蓄研究：理论与实证 [J]．管理世界，2012（11）：20－27．

刘建民，欧阳俊等．中国居民消费行为的理性预期检验 [J]．数量经济技术经济研究，2003（11）：55－59．

刘江会，唐东波．财产性收入差距、市场化程度与经济增长关系——基于城乡间的比较分析 [J]．数量经济技术经济研究，2010（4）：20－33．

刘金全，姜梅华．中国通货膨胀率预期与实际通货膨胀率之间的影响关系 [J]．现代管理科学．2011（4）：22－24＋33．

刘伟，蔡志洲．经济增长新常态与供给侧结构性改革 [J]．求是学刊，2016（1）：56－65．

刘伟．中国经济增长报告2010——从需求管理到供应管理 [M]．北京：中国发展出版社，2010.

龙志和，王晓辉. 中国城镇居民消费习惯形成实证分析 [J]. 经济科学，
　　2002 (6)：29 - 35.

龙志和，周浩明. 中国城镇居民预防性储蓄实证研究 [J]. 经济研究，2000
　　(11)：33 - 38.

卢中原，胡鞍钢. 市场化改革对我国经济运行的影响 [J]. 经济研究，1993
　　(12)：49 - 55.

陆铭，陈钊. 城市化、城市倾向的经济政策与城乡收入差距 [J]. 经济研究，
　　2004 (6)：50 - 58.

吕朝凤，黄海波. 习惯形成、借贷约束与中国经济周期特征——基于RBC模
　　型的实证分析 [J]. 金融研究. 2011 (9)：1 - 13.

马树才，蒋诗. 通货膨胀预期、利率变动下的中国城镇居民消费行为分析
　　[J]. 经济问题探索. 2015 (2)：1 - 9.

马树才，蒋诗. 中国城镇居民短期消费行为理性预期分析 [J]. 现代经济探
　　讨，2014 (6)：42 - 46.

马志敏. 农村消费环境现状分析即优化对策 [J]. 经济问题，2016 (7)：91 -
　　94.

满讲义，佟仁城. 流动性约束对我国城镇居民消费影响的实证分析 [J]. 数
　　学的实践与认识，2009 (9)：16 - 21.

齐福全. 北京市农村居民消费习惯实证分析 [J]. 中国农村经济，2007 (7)：
　　53 - 59.

齐天翔. 转轨时期的中国居民储蓄研究经济研究 [J]. 经济研究，2000 (9)：
　　42 - 48.

邱崇明，黄燕辉. 通货膨胀预期差异与货币政策区域效应 [J]. 吉林大学社
　　会科学学报，2014 (2)：37 - 44.

沈坤荣，谢勇. 不确定性与中国城镇居民储蓄率的实证研究 [J]. 金融研究，
　　2012 (3)：1 - 13.

施建淮，朱海婷. 中国城市居民预防性储蓄及预防性动机强度：1999 ~ 2013
　　[J]. 经济研究，2004 (10)：66 - 74.

史艳华，刘铁敏. 中国农村居民消费价格指数影响因素分析 [J]. 当代经济，

2011 (11)：124 - 125.

宋铮. 中国居民储蓄行为研究 [J]. 金融研究, 1999 (6)：64 - 69.

苏基溶, 廖进中. 中国城镇居民储蓄的影响因素研究：基于三类储蓄动机的
　实证分析 [J]. 经济评论, 2010 (1)：58 - 64.

孙凤, 王玉华. 中国居民消费行为研究 [J]. 统计研究, 2001 (4)：24 - 30.

孙凤, 易丹辉. 中国城镇居民收入差距对消费结构的影响分析 [J]. 统计研
　究, 2000 (5)：9 - 14.

孙力军, 朱洪. 通胀预期和货币政策：基于中国 2001 ~ 2010 年数据的实证研
　究 [J]. 华东经济管理, 2010 (4)：32 - 34.

孙永强. 金融发展、城市化与城乡居民收入差距研究 [J]. 金融研究, 2012
　(4)：98 - 109.

唐新建, 陈冬. 金融发展与融资约束 [J]. 财贸经济, 2009 (5)：5 - 11.

田岗. 我国农村居民高储蓄行为的实证分析 [J]. 南开经济研究, 2004 (4)：
　67 - 74.

田青, 高铁梅. 转轨时期我国城镇不同收入群体消费行为影响因素分析——
　兼谈居民消费过度敏感性和不确定性 [J]. 南开经济研究, 2009 (5)：124 -
　134.

王端. 下岗风险与消费需求 [J]. 经济研究, 2000 (2)：72 - 76.

王浩瀚, 唐绍祥. 不确定性条件下中国城乡居民消费的流动性约束分析 [J].
　经济体制改革, 2009 (5)：54 - 57.

王佳宁. 中国经济 "新常态" 前路绵长 [J]. 改革, 2014 (8)：1.

王君美. 城市与农村消费价格指数的动态关联实证分析 [J]. 统计与决策.
　2010 (10)：86 - 88.

王克稳, 李敬强, 徐会奇. 不确定性对中国农村居民消费行为的影响研究
　[J]. 经济科学, 2013 (5)：88 - 96.

王小华, 温涛. 城乡居民消费行为及结构演化的差异研究 [J]. 数量经济技
　术经济研究, 2015 (10)：90 - 107.

王延章. 动态消费需求函数研究 [J]. 系统工程. 1988 (2)：26 - 41.

王毅, 石春华. 中美储蓄比较：从核算口径到经济含义 [J]. 金融研究,
　2010 (1)：12 - 30.

王志伟. 现代西方经济学流派 [M]. 北京：北京大学出版社，2002.

魏杰. 供给管理与产业政策 [J]. 财经理论与实践，1988 (4)：18 - 22.

温涛，冉光和，熊德平. 中国金融发展与农民收入增长 [J]. 经济研究，
  2005 (9)：30 - 43.

吴富林. 中国利率市场化达到什么程度 [J]. 经济学家，2012 (4)：70 - 76.

吴晓明，吴栋. 我国城镇居民平均消费倾向于收入分配状况关系的实证研究
  [J]. 数量经济技术经济研究，2007 (5)：22 - 32.

吴学品，李骏阳. 农村也发展对农村消费影响的动态演化 [J]. 财贸经济，
  2012 (12)：102 - 107.

吴学品. 市场化、流通设施环境和农村消费结构——基于省级面板数据模型
  的实证分析 [J]. 经济问题. 2014 (10)：75 - 80.

武晓利，龚敏等. 家庭消费行为变迁、经济波动与居民消费率——基于 Bayes
  估计的 DSGE 模型 [J]. 经济问题. 2014 (6)：30 - 35.

夏泽义，张超. 农村居民消费结构差异和开拓农村消费市场的对策 [J]. 农
  业现代化研究，2010 (7)：425 - 428.

肖曼君，刘时辉. 基于产出缺口的菲利普斯曲线对我国通胀预测的研究. 财
  经理论与实践. 2011 (3)：8 - 12.

肖争艳，陈彦斌. 中国通货膨胀预期研究：调查数据方法 [J]. 金融研究，
  2004 (11)：1 - 17.

肖争艳，陈彦斌. 中国通货膨胀预期异质性研究 [J]. 金融研究，2005 (9)：
  51 - 62.

闫新华，杭斌. 内、外习惯形成及居民消费结构——基于中国农村居民的实
  证研究 [J]. 统计研究. 2010 (5)：32 - 40.

严成樑，崔小勇. 习惯形成及其对宏观经济学发展的影响 [J]. 世界经济文
  汇，2013 (2)：53 - 70.

严先溥. 我国城乡居民消费行为分化加剧 [J]. 经济研究参考，2003 (62)：
  44 - 48.

杨天宇，柳晓霞. 满足消费最大化的最优居民收入差距研究 [J]. 经济学家，
  2008 (1)：77 - 85.

姚余栋，谭海鸣. 中国金融市场通胀预期 [J]. 金融研究，2011 (6)：61 -

70.

叶德珠，连玉君，等．消费文化、认知偏差与消费行为偏差 [J]．经济研究，
　　2012 (2)：80 – 92.

叶海云．试论流动性约束，短视行为与我国消费需求疲软的关系 [J]．经济
　　研究，2000 (11)：39 – 44.

易行建，王俊海，易君健．预防性储蓄动机强度的时序变化与地区差异——
　　基于中国农村居民的实证研究 [J]．经济研究，2008 (2)：119 – 131.

于光耀，徐娜．中国通货膨胀预期：理性还是适应性 [J]．财经科学，2011
　　(11)：1 – 10.

余永定，李军．中国居民消费函数的理论与验证 [J]．中国社会科学，2000
　　(1)：123 – 133.

袁志刚，宋铮．城镇居民消费行为变异与我国经济增长 [J]．经济研究，
　　1999 (11)：20 – 28.

袁志刚，朱国林．消费理论中的收入分配与总消费 [J]．中国社会科学，
　　2002 (2)：69 – 76.

臧旭恒．居民跨时预算约束与消费函数假定及验证 [J]．经济研究，1994
　　(9)：51 – 59.

曾国安，胡晶晶．2000 年以来中国城乡居民收入差距形成和扩大的原因：收
　　入来源结构角度的分析 [J]．财贸经济，2008 (3)：53 – 58.

翟天昶，胡冰川．农村居民食品消费习惯形成效应演进研究 [J]．中国农村
　　经济．2017 (8)：61 – 74.

张蓓．我国居民通货膨胀预期的性质及对通货膨胀的影响 [J]．金融研究，
　　2009 (9)：40 – 54.

张车伟，王德文．农民收入问题性质的根本转变——分地区对农民收入结构
　　和增长变化的考察 [J]．中国农村观察，2004 (1)：2 – 13.

张华夏．主观价值和客观价值的概念及其在经济学中的应用 [J]．中国社会
　　科学，2001 (6)：24 – 33.

张健华，常黎．哪些因素影响了通货膨胀预期 [J]．金融研究，2011 (12)：
　　19 – 34.

张太原．社会主义时期北京居民消费观念的变化 [J]．北京社会科学，2005

（3）：123 – 129.

张玉梅，陈志钢. 惠农政策对贫困地区农村居民收入流动的影响——基于贵
　　州 3 个行政村农户的追踪调查分析 ［J］. 中国农村经济，2015（7）：70 –
　　81.

赵楠. 中国消费者理性消费行为的统计分析 ［J］. 统计与决策，2006（1）：
　　74 – 76.

赵卫亚，袁军江，陈新涛. 我国城镇居民消费行为区域异质分析 ［J］. 统计
　　与决策，2012（4）：6 – 10.

郑红娥. 社会转型与消费革命——中国城市消费观念的变迁 ［M］. 北京：北
　　京大学出版社，2006.

周浩文，潘朝顺. 不确定性、流动性约束与中国居民消费行为 ［J］. 财经研
　　究，2002（10）：63 – 68.

周绍杰. 中国城镇居民的预防性储蓄研究 ［J］. 世界经济，2010（8）：112 –
　　122.

朱宪辰，吴道明. 支出预期：对消费行为影响的估计 ［J］. 数量经济技术经
　　济研究，2001（6）：51 – 55.

二、外文部分

Akerlof G A，Dickens W T，Perry G L. Near-rational wage and price setting and the
　　long-run phillips curve ［R］. Brookings Papers on Economic Activity，2000（1）.

Alesina A，Rodrik P. Dtribute politics and economic growth ［J］. Quarterly Journal
　　of Economics，1994，109（2）：465 – 490.

Alessie R，Kapteyn A. Habit formation，interdependent preferences and demo-
　　graphic effects in the almost ideal demand system ［J］. The Economic Journal.
　　1991（5）：404 – 419.

Alonso – Carrera J，Caballe J，Raurich X. Income taxation with habit formation and
　　consumption externalities ［R］. Working Paper，2001，496.01，UAB – IAE
　　（CSIC）.

Alonso – Carrera J，Caballe J. Raurich X. Growth，habit formation and catching-up
　　with the Joneses ［R］. Working Paper，2001，497.01，UAB – IAE（CSIC）.

Alvarez – Cuadrado F, Monteiro G, Turnovsky S. Habit formation, catching up with Joneses, and economic Growth [J]. Journal of Economic Growth, 2004 (9): 47 – 80.

Amato J, Laubach T. Implications of habit formation for optimal monetary policy [J]. Journal of Monetary Economics, 2004 (51): 305 – 325.

Andrew. A. Asset price under habit formation and catching up with the Joneses [J]. American Economic Review, 1990, 80 (2): 38 – 42.

Angelini V. Consumption and habit formation when time horizon is Finite. Economics Letters, 2009 (103): 113 – 116.

Arrow K, Debreu G. Existence of equilibrium for a competitive economy [J]. Econometrica, 1954, 22 (3): 265 – 290.

Arrow K. Risk perception in psychology and economics. Economic Inquiry, 1982 (20).

Barro R J. Rational expectations and the role of monetary policy [J]. Journal of Monetary Economics, 1976, 2 (1): 1 – 32.

Benhabib J, Rustichini A. social conflict and growth [J]. Journal of Economic Growth, 1996, 1 (1): 129 – 146.

Campbell J Y, Cochrane J H. By force of habit: a consumption-based explanation of aggregate stock market behavior [J]. Harvard Institute of Economic Research, Harvard University Discussion Paper, 1999 (107): 205 – 251.

Campbell J, Deaton A. Why is consumption so smooth? [J]. Review of Economic Studies, 1989 (56): 357 – 373.

Carroll C D. The buffer-stock theory of saving: some macroeconomic evidence [J]. Brookings Papers on Economic Activity, 1992 (2): 61 – 156.

Carroll C, Overland G, Weil D. Comparison utility in a growth model [J], Journal of Economic Growth, 1997 (2): 339 – 367.

Carroll C, Overland G, Weil D. Saving and growth with habit formation [J]. American Economic Review, 2000 (90): 341 – 355.

Carroll C, Weil D. Saving and Growth: A reinterpretation, carnegie-rochester conference series on public policy, 1994 (40).

Chalfant J A, J M Alston. Accounting for changes in tastes [J]. Journal of Political Economy, 1988 (96): 391 –410.

Chamon M D, Liu K, Prasad E. Income uncertainty and household saving in China [R]. NBER Working Paper, 2010, 16565.

Chamon M D, Prasad E. Why are saving rates of urban households in China rising [R]. NBER Working Paper, 2008, w14546.

Constantinides G. Habit formation: a resolution of the equity premium puzzle [J]. Journal of Political Economy, 1990 (98): 519 –543.

Cutis C, Lugauer S, Mark N C. Demographic patterns and household in China [R]. NBER Working Paper, 2011, No. 16828.

De La Croix D, Doepke M. Inequality and growth: why differential fertility matters [J]. American Economic Review, 2004, 93 (4): 1091 –1113.

Deaton A. Involuntary saving through unanticipated inflation [J]. American Economic Review, 1997, 67 (5): 899 –910.

Deaton A. Involuntary Saving through unanticipated inflation [J]. The American Economic Review, 1997 (12): 899 –910.

Deaton A. Saving and liquidity constrains [J]. Economica, 1991, 59 (2): 1221 – 1248.

Deaton A. Understanding Consumption [M]. Oxford University Press, 1990.

Deaton A. Understanding Consumption [M]. Oxford University Press, 1992.

Dennis R. Consumption habits in A New Keynesian business cycle model. Unpublished manuscript, Federal Reserve Bank of San Francisco, 2008.

Dias F, Duarte C. Inflation expectations in the Euro area: are the consumer rational? [J]. Rev World Econ, 2010 (46): 591 –607.

Diaz A, Pijoan – Mas J, Rios – Rull J. Precautionary savings and wealth distribution under habit formation preferences [J]. Journal of Monetary Economics, 2003 (50): 1257 –1291.

Duesenberry J S. Income, saving and theory of consumer behavior [M]. Harvard University press, 1949.

Dynan K E. Habit formation in consumer preferences: evidence from Panel Data

[J]. American Economic Review, 2000 (90): 391 – 406.

Echevarria C. Change in sectoral composition associated with economic Growth [J]. International Economic Review, 1997 (38): 431 – 452.

Edge R. Time to build, time to plan, habit persistence, and the liquidity effect [J]. Journal of Monetary Economics, 2007 (54): 1644 – 1669.

Eichenbaum M S, Hansen L P, Singleton K J. A time series analysis of representative agent models of consumption and leisure choice under Uncertainty [J]. The Quarterly Journal of Economics, 1988, 103 (1): 51 – 78.

Fama E F. Efficient capital markets: a review of theory and empirical work [J]. Finance, 1970, 25 (5): 383 – 417.

Faria J. Habit formation in a money growth model [J]. Economics Letters, 2011 (73): 51 – 55.

Fei J C H, Rains G. Development of the labor surplus economy: theory and policy [M]. Illinois, Irwin: Home wood, 1964.

Feltenstein A, Lebow D, van Wijnbergen S. Savings, commodity market rationing, and the real rate of interest in China [J]. Journal of Money, Credit and Banking, 1990, 22 (2): 234 – 252.

Ferson W E, Constantinides G M. Habit persistence and durability in aggregate consumption: empirical tests [J]. Journal of Financial Economics, 1991 (29): 199 – 240.

Fisher W, Hof F. Relative consumption, economic growth and taxation [J]. Journal of Economics, 2000 (72): 241 – 262.

Flavin M A. The adjustment of consumption to changing expectations about future income [J]. Journal of Political Economy, 1981 (89): 974 – 1009.

Forells M, Kenny G. The Rationality of consumer Inflation Expectations: Survey – Based Evidence for the Euro Area [J]. European Central Bank Working Paper, 2002 (163).

Friedman M. A Theory of Consumption Function, Princeton [M]. N. J: Princeton University Press, 1957.

Friedman M. The role of monetary policy [J]. The American Economic Review,

1968, 58 (1): 1 –17.

Fuhrer J C, Klein M W. Risky habits: on risk sharing, habit formation, and interpretation of international consumption correlations [R]. NBER Working Paper, 1998, No. 6735.

Fuhrer J. Habit formation in consumption and its implications for monetary policy models [J]. American Economic Review, 2000 (90): 367 –390.

Gali J, Gertler M, Lopez – Salido J D. Robustness of the estimates of the Hybrid New Keynesian Phillips Curve [J]. Journal of Monetary Economics, 2005 (52): 1107 –118.

Gali J, Gertler M. Inflation dynamics: a structural econometric approach [J]. Journal of Monetary Economics, 1999, 44 (2): 195 –222.

Gali J. Finite horizons, life-cycle savings and time-series evidence on Consumption [J]. Journal of Monetary Economics, 1990, 26 (3): 433 –452.

Galor O, Zeira J. Income distribution and macroeonomics [J]. Review of Economic Studies, 1993 (60): 35 –52.

Goodfriend M. Information – Aggregation Bias [J]. American Economic Review, 1992, 82 (3): 508 –519.

Hall R. Stochastic implications of the life cycle-permanent income hypothesis: theory and evidence [J]. Journal of Political Economy, 1978, 186 (6): 971 – 987.

Harsanyi J C. Rational behavior and bargaining equilibrium in games and social situations [M]. Cambridge: Cambridge University Press, 1977.

Hayashi F. The permanent income Hypothesis and consumption durability: Analysis based on Japanese panel data [J]. The Quarterly Journal of Economics, 1985, 100 (4): 1083 –1113.

Heaton J. The interaction between time-nonseparable preferences and time aggregation [J]. Econometrica, 1993 (61): 353 –385.

Himiliton W D. Geometry for the selfish herd [J]. Journal of Theoretical, 1971, 31 (2): 295 –311.

Horioka C, Wan J. The determinants of household saving in China: a dynamic panel analysis of provincial data [R]. NBER Working Paper, 2006, No. 12723.

Jiang S. Shi J – F. An empirical analysis on habit formation of consumption with discount recursive least squares method [J]. Journal of Discrete Mathematical Science and Cryptography. 2017, 21 (2): 527 –532.

Kahneman D, Tversky A. On the psychology of prediction [J]. Psychological Review, 1973 (80): 237 –251.

Kahneman D, Tversky A. prospect theory: an analysis of decision under risk [J]. Econometrica, 1979, 147 (2): 263 –291.

Koenker R, Bassett G. Regression Quantile [J]. Econometrica, 1978 (46): 33 – 50.

Koenker R. Quantile regression for longitudinal data [J]. Journal of Multivariate Analysis, 2004 (91): 74 –89.

Kraa A. Household saving in China [J]. The World Bank Economic Review, 2000, 14 (3): 545 –570.

Kraay A. Household saving in China [J]. World Bank Economic Review, 2000 (14): 545 –570.

Kuijs L. How will China's saving-investment Balance evolve? [R]. World Bank Policy Research Working Paper, 2006, No. 3958.

Lamache C E. Quantile regression for panel data [M]. Champaign: University of Illinois Press, 2006.

Leduc S S. Keith Stark, Tom. Self-fuifilling expectations and the inflation of the 1970s: Evidence from the Livingston survey [J]. Journal of Monetary Economics, 2007, 54 (2): 433 –459.

Lettau M, Uhlig H. Can Habit Formation Be Reconciled with Business Cycle Facts [J]. Review of Economic Dynamics, 2000 (3): 79 –99.

Lucas R, Jr. Asset price in an exchange economy, Econometric: Journal of the Econometric Society: 1429 –1445.

Lucas R, Jr. Expectations and the Neutrality of Money [J]. Journal of Economic Theory, 1972, 4 (2): 103 –124.

L'Huillier J P. Did the US consumer overreact? A test of rational expectations [J].

Economics Letters, 2012, 116 (2): 207 –209.

Ma G N. Macroeconomic disequilibrium, structural changes, and the household savings and money demand in China [J]. Journal of Development Economics, 1993, 41 (1): 115 –36.

Mishkin F. Illiquidity, consumer durable expenditure, and monetary policy [J]. A. E. R. 1976 (66): 642 –654.

Modigliani F, Cao S L. The Chinese saving puzzle and the life-cycle hypothesis [J]. Journal of Economic Literature, 2004, 42 (1): 145 –170.

Muellbauer J. Habits, Rationality and myopia in the life cycle consumption function [J]. Annales d' Economic et de Statistique, January –March 1988 (9): 47 –70.

Muth J. Rational expectations and the theory of price movements [J]. Econometrica, 1961, 29 (6): 299 –306.

Naik N Y, Moore M J. Habit formation and intertemporal substitution in individual food consumption [J]. Review of Economics and Statistics, 1996 (78): 321 –328.

Neis K, Nelson E. Inflation dynamics, marginal cost, and the output gap: evidence from three countries [J]. Journal of Money, Credit and Banking, 2002, 37 (3): 1 –46.

Nutahara K. Internal and external habits and news-driven business cycles [J]. Economics Letters, 2010 (107): 300 –303.

Osborn D R. Seasonality and habit persistence in a life cycle model of consumption [J]. Journal of Applied Econometrics, 1988 (3): 255 –266.

Pagano P. Habit Persistence and the Marginal Propensity to Consume in Japan [J]. Journal of International Economics, 2004 (18): 316 –329.

Phelps E. Phillips curves, expectations of inflation and optimal employment over time [J]. Economica, 1967 (34).

Pischke J –S. Individual income, incomplete information, and aggregate consumption [J]. Econometrica, 1995, 63 (4): 805 –840.

Qian Y. Urban and rural household saving in China [J]. International Monetary

Fund Staff Papers, 1988 (35): 592 – 627.

Ravn M, Schmitt – Grohe S, Uribe M. Deep habits [J]. review of economic Studies, 2006 (73): 195 – 218.

Robert J M. Is inflation sticky [J]. Journal of Monetary Economics, 1997 (39): 173 – 196.

Robinson S. A note on the U hypothesis relating income inequality and economic development [J]. American Economic Review, 1976 (166): 437 – 440.

Ryder J, Heal G. Optimal growth with intertemporally dependent Preferences [J]. Review of Economics Studies, 1973 (40): 1 – 31.

Sargent T J. "Rational" expectations, the optimal monetary instrument and the optimal money supply rule [J]. Journal of Political Economy, 1975, 83 (2): 241 – 254.

Seckin A. Essays on consumption with habit formation [D]. Dissertation, Carleton University. Ottawa, 1999.

Shi X. Empirical research on urban-rural income differentials: the case of China [R]. working paper, CCER, Peking University, 2002.

Simon H A. Models of Bounded Rationality. Vol. 1, Economic Analysis and Public. Vol. 2: Behavioral Economics and Business Organization [M]. Cambridge, MA: MIT Press, 1982.

Sims C A. Least squares estimation of autoregressions with some unit Roots [R]. Discussion Paper Univ. Minnesota, Center Econ. Res, 1978: 78 – 95.

Smith A. The Theory of Moral Sentiments [M]. Oxford: Clarendon Press. 1759.

Smith V L. Economics in the laboratory [J]. Journal of Economic Perspectives, 1994, 8 (1): 113 – 131.

Smith W. Consumption and Saving with Habit Formation and Durability [J]. Economics Letters, 2002 (75): 369 – 375.

Sprenkle C M. The case of the missing currency [J]. Journal of Economic Perspectives, 1993 (7): 175 – 184.

Tobin James and Doled, Walter. Wealth, liquidity, and consumption. In Consumer Spending and Monetary Policy: The Linkages. Conference Series, 1971, No. 5.

Boston: Federal Reserve Bank of Boston.

Ueda K. Determinates of household's inflation expectations [J]. IMES Discussion Paper Series, 2009 (3).

Veblen T B. The Theory of the Leisure Class: An Economic Study of Institutions [M]. New York: Modern Library, 1899.

Viren M. Inflation, relative price and household saving behavior [J]. Empirical Economics, 1984 (9): 183 – 197.

Von Neumann J, Morgenstern O. Theory of games and economic behavior [M]. Princeton, NJ: Princeton University Press, 1947.

Wendner R. Do habits raise consumption growth? [J]. Research in Economics, 2003 (57): 151 – 163.

Yang D T. Urban-biased Policies and Rising Incom Inequality in China [J]. American Economic Review, 1999, 89 (2): 306 – 310.

Zeldes S. Consumption and liquidity constraints: an empirical investigation [J]. Journal of Political Economy, 1989, 97 (2): 305 – 346.